커피 바이어

커피에 대한 지식과 정보를 가르쳐주고, 언제나 나를 믿어준
그리고 이 책을 쓰도록 용기를 북돋워준 스콧 라오에게 이 책을 바친다.

DEAR COFFEE BUYER
Text and photographs copyright 2018 Ryan Brown

이 책의 한국어판 저작권은 저작권자와 독점 계약한 커피리브레에 있습니다.
저작권법에 의해 한국 내에서 보호받는 저작물이므로 무단 전재와 무단 복제를 금합니다.

DEAR COFFEE BUYER

COFFEE

커피 바이어

커피 생두 구매 가이드

라이언 브라운 지음
최익창 옮김 | 서필훈 감수

COFFEE LIBRE

추천사

 라이언 브라운이 내 레이다에 들어온 것은 2009년 1월, 내가 스텀프타운에서 일하던 시절로 기억한다. 당시 나는 수확기 생산지 방문 첫 일정으로 과테말라 안띠구아 베야 비스따 처리장을 찾았고, 좋은 커피를 확보하기 위해 매일같이 전쟁 같은 커핑을 하고 있었다. 그때 같이 커핑하던 이들은 우리와 함께 재배 프로그램을 시작한 농부들이었는데, 그중에서도 치말테낭고 인근의 산 마르띤 데 힐로떼뻬께 출신 베르나르도 솔라노는 매우 인상적이었다. 그의 농장 '라 꼰쎕씨온 부에나비스따'에서 생산한 커피는 지금껏 한 번도 만나본 적 없는 특별한 커피였다. 히비스커스의 향과 감질나는 밝은 느낌, 검붉게 여문 석류와 크랜베리의 특성이 커피에서 뿜어져 나왔다. '이거다!' 커핑을 하자마자 그렇게 생각했다. 그런데 이게 웬일인가. 샌프란시스코에서 온 라이언이라는 자가 무려 일주일 전에 여기를 찾아와서 이미 그 커피들을 낚아챘다는 것이다. 말도 못 하게 실망했지만 마음을 달래며 다른 커피를 가지고 돌아올 수밖에 없었다.
 몇 개월 뒤, 나는 코스타리카 산 호세의 익스클루시브 커피 랩을 찾았다. 우리 회사는 이곳의 마이크로랏 프로그램을 계속 지원해왔기에 우리가 1순위로 커피를 고를 수 있을 것이라고 생각했다. 그곳에서 만난 새로운 마이크로밀 '레온 꼬르떼스 데 따라수'에서 알레한드라 차꼰이 생산한 커피는 정말 매혹적이었다. 그런데 이게 웬일인가, 말도 안 되는 일이 또 발생했다. 지난번의 그 망할 샌프란시스코 녀석이 이번엔 아예 처리장의 생산분을 깡그리 쓸어갔다는 것이다. 그것도 무려 내 안마당에서! 그는 보란듯이 나를 물먹였다.
 당연히 나는 기분이 좋지 않았다. 아니, 솔직히 말해서 엄청나게 열을 받았다. 다시는 그가 나를 물먹이지 못하도록 확실한 대책을 세워야겠다는 생각을 했다. 하지만 당시 스텀프타운은 성장세였다. 나는 거의 20개 산지를 관리하며 커피를 조달해야 했는데, 이 모든 일을 관장하기 위해, 그것도 아주 잘 해내기 위해 안간힘을 다해야 했다. 상황이 이러했던지라, 라이언이라는 얄미운 샌프란시스코 녀석과 싸우는 전략을 짜는 건 바로 포기했다. 대신 회사 대표에게 그를 영입하라고 말했다. 알고 보니 그도(듀안 소렌슨, 스텀프타운의 창립자) 라이언을 이미 염두에 두고 있었다. 그리고 1년 뒤, 우리는 그를 우리 쪽으로 끌어올 수 있었다.

2010년 여름 내내, 나와 라이언은 함께 스텀프타운의 모든 커피에 대한 구매 전략을 세웠다. 그는 열정적이었고, 여독으로 끙끙 앓으면서도 볼리비아에서 에콰도르에 이르는 산지를 누볐다. 커피 세계를 각자 분할 통치하는 대신, 우리는 함께하기로 했다. 나 혼자 일하는 게 익숙했던 탓에 초반에는 낯설기도 했지만, 우리는 점점 끈끈하게 결속되었다. 150일 동안 함께 산지를 돌아다니면 관계가 깊어지거나 끝장나거나, 아무튼 결론이 난다. 라이언은 커피 산지와 구매에 대한 모든 것을 배우고자 하는 자세와 타고난 유머감각으로 언제나 나를 즐겁게 해줬다.

게다가 라이언은 자기 신념이 있었다. 사실 그래서 처음에는 그가 우리를 이용해서 생두 업계에서 좀 더 좋은 입지를 차지하려는 줄 오해하기도 했다. 당연히 그는 그런 사람이 아니었다. 라이언은 자기 자신을 전문가로서 단련하기 위해 끊임없이 노력하는 사람이었다. 그는 더 실력 있는 커피 바이어가 되기 위해 언제나 최선을 다했다. 그는 내 옆에서 나와, 회사와, 우리 거래 파트너를 비롯 유통망 전체를 통해 얻을 수 있는 모든 것을 최후의 한 방울까지 흡수했다. 라이언은 차세대를 이끌 생두 바이어로 성장하고 있었고, 그 모습은 나에게도 영감을 주었다.

라이언은 자기 생각을 또렷하게 표현하는 데 특출난 능력이 있다. 그의 글은 직관적이고 선명하다. 내가 아는 한, 그는 어떤 주제에 대해서도 말을 꾸며내는 법이 없고 실용적이면서 직선적이다. 그의 이런 성향에 더해 개념과 원리를 완벽히 정리하고자 하는 열정이 합쳐지면서, 커피 바이어를 위한 사려 깊은 매뉴얼이 탄생했다. 이 책은 단순한 회고록이 아니다. 몇몇 사람들이 그러하듯 커피 바이어라는 직업이 그저 낭만적인 일인 것처럼 말하지 않는다. 이 책은 바이어가 되려는 사람, 현재 바이어로 활동하고 있는 사람들에게 반드시 필요한 도구다. 라이언은 커피에 대해 많은 것을 배웠고, 그중 가장 중요한 것들을 이 책을 통해 전달하고 있다. 그는 온갖 분야의 전문가들과 격의 없이 대화하는 방법을 터득한 게 분명하다.

내 친구에게 영광이 있기를.

알레코 치고우니스
레드 폭스 커피 머천트 공동 창립자이자 대표

머릿말

나는 아직도 첫 커핑을 기억한다.

'피츠 커피 앤 티' 신입 직원 교육 프로그램에는 커핑이 포함되어 있었다. 커핑이란 몇 가지 단계를 밟아가며 커피의 맛을 평가하는 작업이다. 피츠는 이미 1999년에, 그러니까 내가 부모님 집에서 몇 블록 떨어진 카페에서 일하던 시기에도 커핑을 하고 있었다. 그때 그 커피를 커핑 기준으로 평가해보면, 피츠 커피다운 강배전 커피였다. 그럼에도 나는 마치 음식의 신에게 내 갈색 앞치마 끈을 붙잡힌 것처럼 그 커핑을 통해 커피의 엄청난 향미에 눈을 떴다.

당시에는 커피와 관련된 일을 오래 할 생각이 전혀 없었다. 그냥 다양한 경험을 쌓고 싶었을 뿐이었다. 그 일을 하기 전 마셔본 커피 음료라고는 손에 꼽을 정도였고, 그것도 대개는 라떼였다. 근처의 정말 끔찍한 빵(열네 살짜리나 좋아할 만한 달기 그지없는 시나몬롤 같은 것들)을 만드는 베이커리에서 파는 커피였다. 당연히 나에게 커피에 대한 열정이 있으리라곤 상상해본 적도 없었다. 그냥 잠시 동안의 돈벌이 그 이상은 아니었다.

그런데 그 커핑이 커피에 대한 나의 이해와 인식을 완전히 바꾸어버렸다. 커피가 단순히 에스프레소 혼합물을 만들기 위한 재료가 아니라는 것을 깨달았다. 산지와 떼루아, 생산법과 가공 방식은 커피의 본질을 향상시킬 수도, 망칠 수도 있는 중요한 요소들이었으며, 그에 따라 온갖 종류의 미묘한 향미를 만들어냈다. 어떤 것은 과일 맛, 어떤 것은 초콜릿 맛이, 어떤 것은 흙내가 났다. 나는 매혹되었다. 어떤 사람은 지루하다고 어떤 사람은 역겹다고도 말하는, 커피의 온갖 향미도 너무나 매력적이었지만, 그보다 더 놀라운 것은 커피 맛에 큰 차이가 있다는 점이었다. 그때까지 나는 커피의 향미란 다 비슷할 것이라고 생각했다. 커피는 그냥 커피 맛인 줄 알았는데, 이렇게 큰 차이가 있다니!

그때부터, 나는 미친듯이 커핑을 했다. 피츠에는 주간 테이스팅 프로그램이 있어 직원의 커핑을 장려했지만 그 정도로는 부족했다. 나는 쉬는 시간에 커핑했고 교대 시간에 커핑했고, 마감 시간에 또 커핑했다. 커핑하겠다는 사람이 있으면 누구와도 함께 커핑했고, 때로는 혼자 하기도 했다. 모든 커피를 맛보았고 모든 블렌드를 커핑했다. 마침내 더 이상 커핑할 커피가 없어지자, 다른 로스터한테 커피를 사 와서 커핑했다. 그리고 커피에 대한 글을 읽고 읽고 또 읽었다.

이렇게 커핑과 독서에 푹 빠져 있었지만, 커피 바이어가 될 생각은 전혀 하지 않았다. 피츠에는 이미 알프레드 피트, 짐 레이놀즈, 더그 웰시 같은 유명한 바이어들이 있었다. 그러니 고작 나 같은 초짜가 바이어가 되겠다는 마음을 갖는 것은 무모해 보였다. 바이어가 되기 위해 무엇을 준비해야 하는지도 몰랐다. 사실 세상 사람들도 다 몰랐겠지만. 그렇지만 바이어가 되기 위해 필요한 준비 과정이 있는 것은 분명해 보였고, 나는 그 준비가 안 되어 있을 가능성이 높았다. 내가 아는 것은, 내가 커피를 맛보는 일을 즐긴다는 것, 그리고 커피의 모든 것에 대해서 알고 싶고, 나처럼 커피를 궁금해하는 사람들과 이야기하고 고민하는 것을 좋아한다는 사실이었다. 그때도, 지금도, 그것만으로 충분하다. 그리고 7년 뒤 나는 커피 바이어가 되었다.

나는 여러 로스팅 업체와 수출업체에서 일했다. 매번 커피 바이어라는 직함을 달고 일했지만, 역할이나 의미는 모두 달랐다. 그리고 그때마다 이 일에 대해 새로운 것을 배웠다.

샌프란시스코의 리츄얼 커피는 2006년에 자체 로스팅을 시작했는데, 시작하자마자 생두 바이어가 당장 필요하다는 걸 깨달았다. 커핑과 커피 연구에 집중하고 있던 나에게 리츄얼의 대표 에일린 하시가 생두 바이어 역할을 맡겼다.

기적처럼 일이 잘 풀려나갔다. 몇 번이나 최고의 커피를 선점하는 행운을 잡았고, 고품질 커피를 확보하면서 업계에서 신뢰와 호평을 쌓았다. 1년 만에 나는 바이어 일에만 전념하게 되었고, 연중 수개월씩 커피를 사러 산지를 돌아다녔다. 그러면서 산지와 품종, 가공 방식, 생산자 같은 복잡한 커피 체계에 친숙해졌다.

리츄얼은 과거 강배전 시절에는 상상도 하지 못했던 새로운 로스팅 방식을 이끈 선도자였다. 우리는 약배전을 통해 떼루아라는, 생두의 고유한 품질을 강조했다. 약배전을 강조하는 '제3의 물결'은 널리 퍼져나갔고, 과거 방식은 이제 진부한 것이 되고 말았다. 물론 2006년에는 아직 그렇지 않지만(제3의 물결에서는 약배전과 신선함, 고품질 커피를 강조한다).

2년 연속 그가 점찍어둔 커피들을 내가 먼저 사버리자, 스텀프타운의 수석 커피 바이어, 알레코 치고우니스는 2010년 아예 나를 자신의 회사로 영입해버렸다. 스텀프타운에서 일하는 동안, 내 인생을 통틀어 가장 많이 커핑했고(첫해에만 5000개가 넘는 샘플을 커핑했다), 가장 많이 여행했으며(첫 11개월 동안 6번), 아마도 가장 많은 맥주를 마셨을 것이다(물론 증빙 자료는 없다). 내가 합류했을 당시 스텀프타운의 구매 규모는 리츄얼의 12배에 달했고 아예 커피 구매팀이 따로 있었다. 나에게는 모든 것이 생소했다. 나는 구매량을 계산하는 법과 구매량 예측이 틀리는 이유를 배웠다. 그리고 무엇보다 구매 계획을 제대로 짜는 게 얼마나 중요한지를 배웠다. 팀 단위로 대규모 구매를 진행하다 보면 커피를 너무 많이 사거나 너무 적게 사기 십상이었다. 그러나 대부분의 커피 구매 양상은 동일했다. 기본적인 절차로 진행되었고, 끝없이 반복되었다.

1년쯤 뒤, 나는 콜롬비아 보고타에서 비르맥스/까라벨라 커피 컴퍼니의 중미 커피 조달 프로그램 개발 계획을 맡았다. 당시 콜롬비아 커피 가격은 몇 년째 불안정한 상태였고, 회사는 공급자 포트폴리오를 다양화하는 데 관심을 가졌다. 나는 그들에게 중미 커피를 소개했다. 비르맥스에서 일한 기간은 길지 않았지만, 엘살바도르와 온두라스에서 새로운 인맥을 만들 수 있었고, 결국 이 인맥이 나의 공급자 포트폴리오의 핵심이 되었다. 다른 전문 커피 바이어에게 커피를 판매한 경험은 이때가 처음이자 마지막이었다. 그리고 그때부터, 나는 여러 대소규모 로스팅 업체들의 다양한 특성과 관심사에 대해 좀 더 많이 알게 되었다.

2012년, 미국으로 돌아와 통스 커피에 들어갔다. 그곳에서는 맨땅부터 시작해야 했다. 커피 구매 프로그램을 짰으며 온라인 커피 판매에 대해서도 새롭게 배웠다. 온라인 판매를 하다 보니, 커피의 특성에 대한 설명이나, 생산자 프로필을 비롯해 커피에 대한 정보를 담은 글을 쓸 일이 많았다. 그리고 웹사이트에서 고객에게 어떻게 접근해야 하는가에 대해 집중적으로 고민하는 것이 나의 일이 되었다.

2014년, 블루보틀이 통스를 인수했고, 나는 제품 매니저 일을 계속 하면서, 고객 스스로 자기에게 맞는 커피와 추출 기구를 찾을 수 있게 도와주는 디지털 플랫폼을 개발했다. 그 경험을 통해 사용자가 디지털 경험이 달라질 때 어떻게 반응하는지, 자신이 받은 커피가 달라질 때 어떻게 반응하는지를 알 수 있었다.

커피 모종. 콜롬비아 우일라

이제는 커피를 구매하는 일에서 물러나, 커피에 대한 이야기를 만들고 커피 구매팀에게 소비자의 피드백을 전달하는 일을 하고 있다.

　이런 모든 경험을 통해, 나는 커피 구매 일을 하면서 겪은 나만의 실수 목록을 만들었다. 그중 몇 가지는 도저히 피할 수 없는 것들이었지만, 몇몇은 바이어로서 정식 훈련을 받았다면 겪지 않았을 실수들이었다. 내가 커피 바이어 일을 시작했을 때는 바이어가 되고자 하는 이를 위한 교재는 없었다. 그리고 내가 아는 한, 지금(현재까지는)도 그런 책은 없다. 커피 바이어를 위한 노하우와 기술 구축은 마치 도시 전설처럼 말로 이어져 내려왔다. 경험이 많은 커피 바이어와 함께 일해본 경험이 없다면, 혼자 맨땅에서 시작해야만 한다. 나의 목표는 커피 바이어가 되고자 하는 사람들이, 나와 다른 많은 바이어들이 해왔던 실수를 하지 않도록 돕는 것이다. 그것도 가능한 빨리, 가능한 쉽고 효율적으로.

　'커피 구매'는 비슷한 능력과 선호를 가진 두 바이어가 반드시 똑같은 커피를 선택하도록 귀결시키는 기술이 아니다. 점수는 객관적이겠지만 선호는 그렇지 않다. 바이어가 좀 더 능숙해진다면 훌륭하고 다양한 커피를 구할 가능성이 더욱 높아질 것이다. 나는 부디 그렇게 되기를 바란다.

차례

추천사 5
머릿말 8
들어가며 17

PART 1

CHAPTER 1	커피 구매	21
CHAPTER 2	판매 원칙	25
CHAPTER 3	관계에 투자하는 것의 장기적 가치	37
CHAPTER 4	곧바로, 분명하게 반응하라	43
CHAPTER 5	공급자에게 잘해라	47
CHAPTER 6	공급자에게 언제 조언을 해야 할까?	53
CHAPTER 7	예측하기	57
CHAPTER 8	샘플	65
CHAPTER 9	샘플 처리	73
CHAPTER 10	기록하고 결과 공유하기	79
CHAPTER 11	가격 매기기	85
CHAPTER 12	공급자와 가격 협상하기	87
CHAPTER 13	다이렉트 트레이드	89
CHAPTER 14	수출	95
CHAPTER 15	품질 관리	99
CHAPTER 16	스토리텔링	109

PART 2

CHAPTER 17	가공 방식과 그에 따른 음료 특성	117
CHAPTER 18	품종과 음료 특성	133
CHAPTER 19	EKCG	143
CHAPTER 20	그리고 또 다른 곳들	151
CHAPTER 21	제철	155
CHAPTER 22	커피 보관	161
CHAPTER 23	포장	167
CHAPTER 24	결점두	171
CHAPTER 25	디카페인	179

PART 3

| CHAPTER 26 | 바닥에서부터 시작하기 | 187 |
| CHAPTER 27 | 최고에게 배우자 | 193 |

용어	220
감사의 말	226
역자 후기	228

들어가며

이 책은 3부로 이루어져 있다.

1부에서는 커피에 대한 철학에서부터 커피 시장을 예측하고, 공급자와 협력하는 법, 커피에 대한 스토리텔링, 커피 구매를 직업으로 삼는 것에 따르는 여러 가지 책임에 대해 이야기한다.
2부는 생두 이야기이다. 생두의 처리, 품종, 보관, 포장, 결점두에 대해 내가 아는 것들을 최대한 자세하게 설명했다.
3부는 커피 구매를 직업으로 하려는 이를 위한 안내다. 초보 커피 바이어가 커피 구매 프로그램을 짜기 위해 필요한 기술과 구체적인 지식에 대해 여러 커피 바이어들의 조언과 생각들을 같이 담았다.

PART 1

01

Chapter 1
커피 구매

커피 구매

커피 구매Coffee buying란 어떤 일인가?
커피 바이어Coffee buyer는
어떤 일을 하는 사람인가?

커피 바이어라는 말을 들으면 어떤 이미지가 떠오를까? 심지어 실제로 커피 바이어를 만나본 사람들조차도 이 일을 낭만적인 직업이라고 생각하는 경우가 많다. 물론 커피 산지는 대체로 아름답고 이국적이다. 때로는 여행처럼 즐길 수 있는 기회도 있겠지만, 가장 성공한 커피 바이어들조차도 그런 여행은 거의 하지 못한다. 나는 도로에서 몇 날 며칠을 지새워야 했던 적도 있다. 물론 들인 공에 비해 훨씬 더 값진 결론을 얻는 경우도 많긴 했다.

커피 구매는 그냥 농장에 방문해서 생산자를 만나 돈만 건네면 되는 일이 아니다. 커피를 맛보러 가는 것은 더더욱 아니다. 물론 이 두 가지 일이 모두 포함되긴 하지만.

커피 구매는 고객에게, 고객이 원하는 것을 적절하게 공급할 수 있도록 양과 질 면에서 합리적인 결정을 하는 과정이다. 커피 바이어의 고객은 대개 자기 회사지만 때로는 다른 커피 바이어, 다른 로스팅 업체, 기타 등등일 수도 있다.

커피 산지는 아름답고 이국적인 곳일 수도 있겠지만, 사실 그보다 훨씬 더 중요한 일이 기다리는 곳이다.

당연한 말이지만, 제대로 된 구매 결정을 내리려면 꽤 부지런히 돌아다녀야 한다. 마케팅 자료를 확보하기 위해서도 그렇거니와 거래선을 지키고 확장하기 위해서도 필수적이다(많은 이들이 궁금해하는 것인데, 돌아오는 비행기에 커피를 싣고 오는 일은 없다). 대부분의 공급자들과는 멀리 떨어진 상태에서도 완벽하게 좋은 거래 관계를 유지할 수 있겠지만, 그래도 어떤 사람들은 얼굴을 맞대고 일하는 것을 특별하게 여긴다. 산지 정보와 생산자 이야기 정도는 직접 가지 않고도 얻을 수 있겠지만 만약 당신이 사진만으로는 확신할 수 없다면 일단 여권을 챙기는 것이 좋겠다.

커피 테이스팅이 커피 구매 업무의 핵심은 아니다. 그렇지만 커피 바이어치고 매일같이 커핑을 하지 않는 사람은 본 적이 없다. 로스팅 업체에는 대개 전문 품질 관리 인원이 따로 있지만 그럼에도 커피 바이어는 항상 커핑을 한다. 커피 구매를 책임지고 있다면, 자신이 구매할 커피가 어떤 커피인지 스스로 맛을 보고 싶은 것이 당연하다.

Chapter 1

커피 구매

파치먼트 커피를 건조대에서 말리고 있다. 에티오피아 아가로

    여러 직업군의 사람들이 생두를 산다. 코요테라 불리는 사람들은 농장마다 다니면서 할인가에 커피를 사들인다. 산지의 수세식 처리장은 지역 생산자에게 서비스를 제공하고 그들의 커피를 구매한다. 스위스의 트레이더들은 커피 상품 가격 동향을 주시하고 산지별 가격 편차를 살펴본다. 일반적으로 커피 바이어는 로스팅 업체가 쓸 커피를 구매하는 사람으로, 생두의 최종 소비자이다. 코요테나 트레이더들은 또 다른 전문 바이어를 찾아 거래를 해야 하는 반면, 로스팅 업체를 상대하는 커피 바이어는 자신의 로스팅 업체로 커피를 전해주기만 하면 된다. 그러면 로스팅 업체는 커피를 볶아 원두 형태로 소비자나 카페에게 판매하거나 자사의 카페에서 추출한다.

02

판매 원칙

메뉴는 어떻게 결정할까?
어떤 커피를
선택할 것인가?

내가 스페셜티 커피에 발을 들였던 무렵엔 암묵적으로 통용되던 두 가지 규칙이 있었다.

- 3대 커피 생산지인, 라틴 아메리카, 동아프리카, 태평양 섬에서 생산하는 대표적 커피만을 판매해야 한다.
- 몇몇 대표적인 블렌드를 판매해야 한다.

지금까지도 피츠 커피나 스타벅스 등에서는 이 오래된 계명을 따르기도 한다. 소위 제3의 물결을 이끈 선구자들도 지금 기준으로 보면야 마구잡이지만, 이 계명들을 따르되 '대표'라는 말을 '가장 좋은'으로 바꾸는 식으로 조금씩 변형시켰다. 마치 배스킨라빈스의 메뉴처럼, 알 만한 향미들이 세계 모든 커피의 맛으로 소개되었다. 로스팅 업체들은 대부분 그 나라의 떼루아(토양을 비롯한 산지 환경)와 로스팅 정도 같은 정보를 살짝 버무려 커피를 설명했다. 오늘날 기준으로 보면 이 로스팅 업체 대부분은 강한 화력으로 커피를 볶았다. 즉, 강배전 커피와 향미의 표현 방식, 그리고 업체마다 다른 매장 미학이 '브랜드'를 이루는 요소였다. 로스터들에게 다른 선택지가 아예 없었던 것이 아니라 그 절대적 규칙 가운데 선택지는 이런 것뿐이었기 때문이다.

3대 커피 생산지의 커피가 아니라면 품질이 아무리 좋더라도 가격이 비교적 저렴했다. 그에 비해 하와이, 자메이카처럼 음료 품질에 비해 너무 비싼 유명 산지 커피는 제2의 물결에 해당하는 스페셜티 매장에 반드시 비치되어 있었다. 알레그로 출신의 전문 커피 바이어 케빈 녹스$^{Kevin\ Knox}$는 2010년인가 2011년쯤에 로스팅 업체들이 제품 구색을 제대로 갖추지 않았다고 불평했다. 그는 메뉴에 건식 커피나 웻-헐 방식 커피가 제외되는 건 우롱이라고(소비자 기대에 대한 우롱인지 절대적 규칙에 대한 우롱인지는 모르겠지만) 주장했다.

당시 나에게는 커피 구매에 대해 조언해주는 사람도 없었고 아직 다른 사람들의 의중을 잘 헤아리지 못하던 터라, 2007년 리츄얼에서 초기 메뉴를 짤 때 스텀프타운과 인텔리젠시아의 방식을 따랐다. 말하자면 모든 지역에서 최소한 한 가지씩, 거의 연중 내내 공급받을 수 있는 양을 구매하는 것이었다. 이들 두 업체는 제3의 물결의 선구자였고, 이들이 하는 대로 따라 할 이유는 충분했다. 이 업체에서 경험한 것들이야말로 내가 원하는 지침들과 가장 가까웠다.

그러다가 우연히 규율을 깨뜨렸고 일단 깨고 나니 신세계가 열렸다. 당시 나는 수 주일씩 전 세계 산지를 돌아다니느라 정신이 없었고, 급기야 수마트라 커피의 재고 대비 소비량을 잘못 계산하는 바람에 품절 사태가 발생했다. 당시 '제3의 물결' 카페에서 수마트라는 필수 메뉴였다. 나는 새로운 수마트라 커피가 들어올 예정이라고 둘러댄 후 브로커들—여러 품질의 커피를 매매하는 업자—에게 연락해서 지금 당장 재고가 있는 수마트라 샘플을 보내달라고 요청했다(즉, 국내 창고에 있는, 즉시 배송 가능한 수마트라 샘플을 달라는 말이었다). 그리고 그 샘플을 볶아 맛을 보고 잠시 망설인 후 마침내 결정을 내렸다.

"우리 리츄얼은 더 이상 수마트라 커피를 취급하지 않습니다."

2008년까지 리츄얼 커피는 깔끔한 신맛으로 인기가 있었다. 개인적으로는 이국적인 향미를 좋아하긴 했지만 엄청난 로스팅 기법이나 신묘한 가공 방식보다는 커피의 본질에 충실한 맛을 원했다. 그때로 돌아가서 당신이 만약 웻-헐 가공 방식을 주로 사용하는 수마트라 커피를 사람들에게 남미 커피라고 말하며 줬다고 가정해보자. 돌려 말할 줄 아는 사람이라면 깔끔하지 않다고 말했을 것이고, 직설적인 사람이라면 지저분한 느낌에, 결점두 맛이 난다고 했을 것이다. 그때 '앗! 제가 혼동했네요. 그건 수마트라 커피입니다'라고 정정하면 그들은 앞서 했던 말들을 취소하면서 'earthy하고 woody하고 dry한 특성이 엄청나다'고 극찬을 늘어놓을 게 분명하다. 아무리 생각해도 산지가 다르다는 이유로 같은 품질의 커피를 다르게 판단한다는 건 아주 멍청한 짓이다. 수마트라에서는 earthy하고 woody하며 dry한 커피를 곧잘 구매하면서 중남미 커피는 너무 earthy하고 woody하고 dry해서 안 사겠다니!

결국 리츄얼 대표 에일린에게 수마트라 커피는 취급하지 말자고 설득했다. 그녀는 나에게 몇 가지 진중한 질문을 한 후 미소를 지었다. 그리고 지금도 여전한 그 사업가적 센스로 내 결정을 지지해주었다. 후에 들은 이야기인데 그녀는 '수마트라 커피는 우리가 세운 품질 기준에 미치지 못했다. 그래서 우리는 쓰지 않기로 했다'며 동네방네 말하고 다녔다. 그녀가 동의해 주어 안심한 데다가, 그 결정을 생두 마케팅에 활용까지 해주니 미치게 좋았다. 어찌나 기분이 좋았는지 한동안은 웻-헐 방식의 커피는 입에 대지도 않았다.

이 이야기의 핵심이 뭐냐고? 당신의 판매 원칙을 비난하려는 것은 아니다. 물론 앞으로 당신이 웻-헐 방식 커피나 건식 커피는 볶지 않겠다고 한다면 개인적으로는 기쁘겠지만, 지금 중요한 건 그게 아니다. 분명한 것은, 로스터에게 어떤 커피를 쓸 것인가를 판단할 기준이 있어야 하며, 그 기준에는 자기 취향을 충분히 반영해야 한다는 점이다. 웻-헐 방식 커피를 쓰지 않기로 한 것은 리츄얼의 진면목을 드러내는 결정이었고, 나는 이로써 큰 짐을 내려놓은 느낌이었다. 아마도 그 시점에 웻-헐 커피를 끊기로 한 것은 리츄얼의 정신에 크게 각인되었을 것이다. 웻-헐 방식에 진정한 혁명이라도 일어나지 않는 한, 다시 이 커피를 취급하는 날이 오진 않을 것이다.

다시 말하거니와 리츄얼에서 내렸던 결정의 진면목은, 수마트라를 더 이상 쓰지 않겠다는 것이 아니라, 이제 구전으로 내려오는 규칙을 따를 필요가 없다는 사실을 깨달은 데 있다. 또한, 커피 맛에 대한 개인 취향이 반드시 간단 명료할 필요는 없다. 선호하는 것이 좀 추상적이더라도 상관 없다. 예를 들어, 그 일이 있고 얼마 뒤 나는 이런 글을 썼다.

어쩌면 우리의 커피 리스트가 조금 이상해 보일 수도 있습니다. 일년 내내 항상 갖추고 있어야 할 커피가 없다고 생각하실지도 모르겠습니다. 우리는 세계 최고의 커피를 확보하기 위해 항상 제철 커피를 구매하려 노력합니다. 이것은 마치 과일 가게 주인이 좋은 품질의 제철 과일을 준비하는 것과 비슷합니다. 당신들이 보고 있는 이 커피들은 신선합니다. 그냥 갓 볶은 커피여서가 아니라 갓 수확한 신선한 생두를 신선함을 유지할 수 있는 최선의 방법으로 산지에서 조심스럽게 들여왔기 때문입니다. 그리고 산지의 떼루아 속성이 잘 드러나도록 정성껏 로스팅했습니다. 이제 이 커피들만의 특징이 뭔지 알겠나요? 바로 신선함입니다.

'제철'이라는 표현은 '우리가 팔고 싶은 커피를 팔 것이며, 관습적으로 팔아야 한다고 알려진 커피를 팔아야 할 필요는 없다'는 나의 결정을 반영한 것이었다. 이 덕분에 나는 이 커피가 어느 나라 것인지 따질 필요 없이 원하는 프로필에 가장 잘 맞는 커피를 찾아다닐 여유가 생겼다.

생두 바이어가 자신만의 판매 원칙을 세울 수 있는 몇 가지 방법을 정리했다. 이 방법들은 상호 배타적인 것이 아니므로 취사 선택하는 것도 가능하다. 게다가 여기 제시한 방법이 절대적이거나 전부가 아님은 너무나 당연하다.

프로필 기반

리츄얼에서 기본으로 쓰는 방식이고 다른 제3의 물결 로스터들도 이 방식을 많이 따른다. 산지와는 무관하게 자신이 바라는 품질이 있으면, 산지나 가공 방식에 따라 점수를 깎거나 추가하지 않고, 커피가 자신의 품질 기준에 부합하는지만 판단한다.

장점 블라인드 커핑을 통과하는 커피를 고르기만 하면 된다. 아마 공급자 수도 더 적을 것이고, 방문 탐사 면에서 선택과 집중이 가능하다.

단점 원하는 양을 안정적으로 확보할 수 있는 산지를 찾기 매우 어렵다. 유난히 탁월하거나 놀라울 정도로 뛰어난 커피라면 이미 다 팔렸을 가능성이 높다.

산지 기반

모든 산지에서 조금씩 커피를 들여오거나, 다수 산지 중에서 몇 곳의 커피를 중점적으로 공급받는 방식이다. 첫 번째 방식은 어느 정도는 피츠 커피가 했던 방식이며 초기 제3의 물결 로스터들 대부분은 이 방식을 썼다. 두 번째 방식은 커피 생산국의 많은 커피 회사들이 쓰는 방법이다. 콜롬비아 회사지만 해외에도 많이 진출해 있는 후안 발데스 커피도 이 방식으로 커피를 구매한다. 이 업체는 콜롬비아 커피가 가질 수 있는 다양한 향미들을 강조한다(나는 사실 콜롬비아 커피만 취급하는 매장에 대한 로망이 있는데, 우선은 향미 때문이고—대부분의 커피 향미는 콜롬비아에 다 있다고 본다—다음은 연중 2회 수확 때문이다. 알다시피 콜롬비아는 거의 연중 내내 커피를 생산한다).

장점 여러 산지 커피를 피상적으로 구매하기보다는 한 산지에 집중해 다양한 향미 프로필을 가진 각각의 커피를 구매할 수 있다. 정기적으로 공급자를 방문하면, 방문 때마다 더 많은 산지를 발굴하고 산지 기반 커피 메뉴를 더 합리적으로 짤 수 있을 것이다. 그러면 답사 시간과 비용을 절약할 수 있다.

단점 매 수확기마다 넘어야 할 고비가 태산이다. 일례로 2007-2008년도 겨울에 엘살바도르에는 폭풍우가 휘몰아쳐서 많은 커피나무가 휩쓸려나갔다. 그해, 엘살바도르 커피 의존도가 높았던 바이어들은 좋은 커피를 구하기 힘들었을 뿐 아니라 가격도 비싸게 치러야 했다.

생산자 기반

산지 기반과 크게 다르지 않지만, 생산자와의 친분을 통해 구매 리스트를 만든다는 점에서 차이가 있다. 케빈 볼린 Kevin Bohlin은, 샌프란시스코에 있는 세인트 프랭크 커피에서 이런 유형으로 몇 가지 커피 메뉴를 완성했다. 그는 흥미로운 스토리와 잠재력, 그리고 성장 가능성이 있는 커피 생산자들을 찾아냈다. 그는 개인, 사회, 종교, 여러 가지 이유에서 이런 방식을 택했지만, 누구든 어떤 이유에서건 어떤 방식으로든 생산자 기반 시스템을 따를 수 있다. 과테말라의 엘 인헤르토 농장처럼 여러 가지 품종의 커피를 생산해 자체 로스팅을 해서 고객들에게 다양한 커피를 제공하는 단일 농장들이 있다.

장점이자 단점 산지 기반과 같은 장단점을 갖지만 좀 더 극단적이다. 공급자와의 관계에 매우 집중해야 하므로, 해당 파트너와 엄청난 피드백을 주고받는다. 다만 공급자에게 문제가 생기면, 대안을 찾기 힘들다.

고객 기반

고객에 맞추어 메뉴를 짜기로 했다면 몇 가지 알아둬야 할 점이 있다. 일단, 로스터가 특별히 중요한 도매 고객의 수요에 맞춰 커피를 준비하는 경우는 흔하다. 스텀프타운만 해도 특별히 중요한 고객은 연구실로 따로 초대해서 유명 생산자의 소규모 로트를 독점적으로 구매하게 해준다. 고객과 밀접하게 관계를 맺으면 구매 결정과 관련해 직접적으로 정보를 구하고 구매 윤곽을 짤 수 있다. 나는 통스에서 커피를 구매할 때마다, 최종 소비자에 대해 더 많이 생각했다.

이거 우리 고객이 좋아할까? 너무 도발적이진 않을까? 너무 뻔하진 않을까? 이 이야기를 고객도 재미있어할까? 우리가 기대에 잘 부응하고 있을까?

장점 구매 결정에 고객을 참여시키면 재고 발생의 위험은 줄어든다. 일단, 그들이 자기들의 커피 취향을 표현했으니 그에 맞춰 준비하면 된다. 그리고 고객들 스스로 구매과정에 참여하고 있다는 의식을 심어주며, 상황에 따라서는 고객들이 공급자와 관계를 맺었다고 여기게 해준다.

단점 공급자와의 대화에 누군가를 더 끌어들이는 것은 당연히 번거로울 뿐 아니라, 해가 될 가능성이 다분하다. 만약 당신이 비밀주의를 지향한다면, 커피 구매 과정을 고객과 공유하는 일 자체가 불편할 것이다. 이 고객들이 언젠가 로스팅 사업을 시작하고 그들 스스로 커피를 구매할지도 모른다는 두려움이 있을 테니까 말이다. 이런 여러 가지 단점으로 볼 때, 고객에게 정보를 받아 구매 결정을 내리는 방식은 그것이 중요하건 중요하지 않건 간에 선택할 가능성이 가장 적어 보인다.

제철 기반

말 그대로 제철 커피만 쓰는 방식이다. 수확일로부터 특정 일수 내지는 수 개월 지난 커피만 로스팅한다.

장점 모든 조건을 동일하게 놓고 보면, 모든 커피를 빨리 받아 빨리 로스팅해서 제공하는 로스터일수록 보다 신선한 생두를 볶을 가능성이 높다. 커피 재고가 너무 많을 가능성도, 수개월 동안 똑같은 커피를 내놓을 가능성도 적다.

단점 수확 후 며칠 또는 몇 개월이란 말은 임의적인 시간 개념으로 산지나 커피에 따라 중요도가 너무 다르다. 예를 들어, 나는 케냐 커피도 콜롬비아 커피도 좋아하지만 신선한 느낌은 케냐 커피가 훨씬 오래간다. 특정 산지 커피를 제한된 기한 안에 다 볶지 못했다면, 이 재고를 어떻게 처리할 것인지 스스로 만든 규칙 때문에 스트레스에 시달려야 한다. 블렌드나 콜드 브루 등 자체 처리할 곳이 있다 해도 완전히 해결할 수 없다.

다음은 개인적인 권장사항들이다.

1. 판매 원칙을 정한다. 판매 원칙이 없다는 건 회사의 사명이 없는 것이나 다름없다. 장기 목표를 정해두지 않으면 잠깐은 괜찮을지 몰라도 지금 하는 일이 성공적인지 아닌지를 판단하기가 어렵다. 판매 원칙이 없다면, 어떤 커피는 인정받는데 다른 커피는 외면받는 이유를 끝내 알아내기 어렵다. 이 문제는 언젠가 당신과 동료, 그리고 당신의 고객을 혼란에 빠트릴 것이 분명하다. 확실한 판매 원칙은 당신이 구매자로서, 팀으로서, 커피의 공급자로서 일할 때 구매 결정의 목적과 지침을 제공해준다.

2. 너무 자주 바꾸지 말 것. 자주 바꾼다는 것은 원칙이 안정적이지 않다는 의미이고 안정적이지 않은 원칙은 믿기가 어렵다. 원칙을 결정할 때는 팀원들과 충분히 의논해야 하고, 지킬 수 없는 강력한 이유가 있을 때만 수정한다. 리츄얼은 당시 수마트라 커피를 쉽게 팔 수 있었지만 판매를 포기했다. 이는 산미 중심의 깔끔한 커피를 원했던 우리의 원칙을 실현하기 위해서였고 그로써 우리의 원칙은 더욱 확고해졌다.

3. 다른 이의 리스트를 맹목적으로 베끼지 말 것. 남의 것을 단순히 베끼는 것은 판매 철학이 없는 것이나 다름없다. 물론 엄청나게 좋은 리스트라면 수용해야 할 때도 있다. 그러나 왜 그 커피를 판매하는지 스스로 설명할 수 있어야 하며 그 대답이 제대로 된 답이어야 함은 당연하다.

4. 그렇다고 다른 이의 리스트와 차별화하려고 무리하지 말 것. 판매 리스트를 좀 다르게 하려는 이유만으로 다름을 추구하는 로스터 또한 "왜?"라는 질문에 답변이 궁색할 수밖에 없다. 때로는 경쟁 업체와 몇몇 품목이 동일할 수 있다. 그냥 그 생산자 커피는 누가 봐도 좋은가보다 생각하자.

5. (근본적으로) 모든 산지의 커피를 다 취급하려고 노력하지 말 것. 앞서 이렇게 할 수 있다고 했고, 단언컨대 할 수도 있을 것이다. 그렇지만 양 조절도 어렵거니와 잘 관리하자고 들면 지옥도가 펼쳐진다. 게다가 커피를 국경선에 따라 가르는 것은 사실 피상적인 접근법이다. 콜롬비아의 산맥(꼬디예라)은 수백 마일에 걸쳐 있는데 여기서 생산되는 커피들이 320만 평방마일의 면적에 재배하는 브라질 커피보다 더 잘 구분된다. 고객들에게야 국가 이름이 핵심적이겠지만, 친애하는 바이어들이여, 당신은 그래선 안 된다.

당신의 판매 원칙이 무엇이든 다음 사항들을 결정하는 데 도움이 된다.

　ㄱ) 커피의 맛 방향성
　ㄴ) 커피의 공급처
　ㄷ) 생산자와의 관계

리츄얼에서 내가 내렸던 몇 가지 결정들은 다음과 같은 판매 원칙을 바탕으로 한 것이다.

　'중남미와 동아프리카의 탁월한 생산자들이 만들어낸 달콤한 수세 커피에 집중할 것. 이 커피를 수확한 지 12개월 내에 제공할 것'

이 원칙은 내가 커피를 구매할 때 지침이 되었을 뿐만 아니라 로스팅, 추출, 서비스, 교육, 웹사이트나 봉투에 쓸 문구 작성, 커피와 커피 공급자들에 대한 표현을 비롯해 그 외 모든 접근법에도 영향을 줬다. 로스팅과 추출에 대해서 말하자면, 우리는 생산자가 지향한 고유의 향미를 끄집어내는 것을 목표로 했다. 지금은 진부해 보일 수 있겠지만, 우리의 판매 원칙을 이렇게 채워간다는 것이 중요했다. 그런 행동 강령 대부분은 로스팅 밝기라든가 추출 비율 같은, 누군가는 하찮게 생각할 수도 있고 누군가는 중시할 수도 있었던 것들이었다(지금은 이런 접근법이 상당히 일반적인 개념이 되었다). 커피가 어떤 국가에서 온 것인지, 어떤 가공 방식으로 생산되었는지 같은 2007년도에 유행하던 이야기 대신, 커피를 생산한 사람들의 이름과 이야기에 초점을 맞추었다. 웹사이트와 포장에서도 똑같이 생산자에 집중하는 경향이 나타났다. 당시 로스팅 업체들은 하나같이 커피 이름을 '코스타리카 엘 앙헬'과 같은 식으로 표기했지만, 리츄얼에서는 아래 보는 것처럼 생산자 이름을 먼저, 그리고 국가 이름을 나중에 붙였다.

알레한드라 차꼰
엘 앙헬
코스타리카

이런 판매 원칙 덕분에 공급자와 나누는 대화 또한 달라졌다. 공급자들은, 커피 재배가 무엇인지 알려줄 수 있고 우리를 흥분시킬 만한 커피를 공급할 수 있는 특별한 생산자와 진지하고 깊은 관계를 맺고 싶어 하는 우리의 생각을 이해하기 시작했다. 여기서 정반대 경우를 소개해보자면, 내가 처음 커피 산업에 뛰어들었던 당시 피츠 커피에서는 신비할 정도로 훌륭한 향미를 만들어내는 특별하고도 비밀스러운 기술을 가진 로스팅 장인 혹은 절대 밝힐 수 없는 비밀에 싸인 대표 블렌딩을 찬미하는 데 집중했다. 몇몇 산지에 대한 일반적인 속성을 언급하기는 했지만 당시 피츠에서 커피 생산자의 이름을 강조하는 경우는 드물었다.

판매 원칙이 필요 없다고 생각할 수 있고, 심지어는 가식적이라고 느낄 수 있다. 그렇다면, 그냥 좋은 커피를 사자. 동의하시는가? 분명한 건 확실한 판매 원칙이 있었기에 나와 우리 팀, 우리에게 커피를 공급하는 이들, 그리고 우리의 고객들은 한데 모일 수 있었고 성장하고 더 나아가 즐길 수 있었다. 판매 원칙이 있었기에 나는 일을 더 쉽게 할 수 있었고 더 즐길 수 있었으며, 더 많은 가치를 누릴 수 있었다.

03

Chapter 3
관계에
투자하는 것의
장기적 가치

관계에 투자하는 것의
장기적 가치

**공급자와
의미 있는 사업 관계를
맺는 방법**

2008년 초가을, 익스클루시브 커피라는 이름으로 회사를 새로 창업한 프란시스꼬 메나가 사전에 아무 예고도 없이 코스타리카 최고의 커피 생산자 십여 명과 함께 리츄얼에 찾아왔다. 나는 그때 코스타리카 커피에 대해 아는 것도 별로 없었고 그래서 그닥 할 말도 없었다. 그런데 그들이 가져온 커피는(양이 상당히 많았는데) 나를 충격에 빠뜨렸다. 깔끔했고, 자꾸 말해서 미안하긴 한데, 정말 최고였다.

'미국인들이 자주 놀러 가는 국가', 그때까지 코스타리카에 대한 생각은 그 정도였고, 그곳의 커피에 대해서는 잘 몰랐다. 자메이카 블루 마운틴이나 하와이처럼 놀러 가기 좋은 아름다운 곳이라 커피까지 덩달아 과하게 평가된 거라 생각했다.

프란시스꼬의 목소리는 열정적이었고 그의 방대한 지식은 모두 나에게 필요한 내용들이었다. 생산자들을 이끌고 나를 찾아오는 열정만 봐도, 최고의 커피를 찾기 위한 그의 노력은 견줄 데가 없었다. 이후 익스클루시브 커피는 나에게 다양한 프로필의 샘플들을 보냈고, 나는 그 커피를 정성껏 볶았다. 뭐, 그냥 무난하고 평범하지 않을까? 맛을 보기 전의 생각은 그랬다.

하지만 내 생각은 틀렸다. 대여섯 개 샘플 중 하나 정도는 내 취향과 맞지 않았지만 한두 개 로트는 맛을 본 즉시 주문했다. 로트 별로 69kg 포대 25개에서 50개 정도로 물량 면에서도 완벽했다. '로스 차꼬네스'라는 이름만 달랑 붙어 있는 샘플이 있었는데, 그 커피는 유독 깔끔한 맛, 내가 코스타리카 커피에서 기대하는 그 깔끔한 맛과 갈색설탕을 연상시키는 단맛, 시트러스나 복숭아류 과일 느낌이 살짝 돌았다. 산미가 어마어마해서 차갑게 식은 뒤에도 여전히 훌륭한 커피라는 느낌이 들 정도로 대단했다.

이쯤 되자, 나는 당연히 해야 할 일을 했다. 코스타리카로 가기로 결정한 것이다. 프란시스꼬의 작업실에서 커핑을 더 해보고, 로스 차꼬네스의 생산자들을 만나야겠다는 계획이었다. 그렇게 차꼰 집안 사람들을 만났고, 우리가 생산자와 어떤 관계를 맺고자 하는지 설명했다. 품질을 중요하게 생각하는 구매자로서, 생산자와 함께 성장하고 싶다는 믿음을 주고 싶었다. 그리고 마침내 첫 선적물을 받은 뒤, 다시 코스타리카로 가서 특별히 준비한 선물을 직접 건넸다. 이미 생두값은 높은 가격으로 책정해서 지불했지만, 그럼에도 이 관계를 더 확고하게 다지고 싶었다. 이럴 때 가장 좋은 선물은 천 달러짜리 수표 아니겠는가? 그들은 선물을 받자마자 농장에 투자해 바로 자체 마이크로 밀을 차렸다 (정확히 말하자면, 천 달러를 선물한 건 잘한 일이긴 한데, 그렇다고 마이크로 밀을 천 달러로 차릴 수 있는 건 아니다. 가장 작은 규모라도 전체 비용은 당연히 천 달러보다 훨씬 많이 든다).

다음 해, 차꼰 농장에서는 전년도보다 훨씬 좋은 커피를 생산했다. 그리고 그 다음 해에는 더 나은 커피를 만들어냈다. 리츄얼과 차꼰 집안, 그리고 그들의 농장 핀카 엘 앙헬은 지금까지 관계를 이어오고 있다. 코스타리카 최고의 커피를 생산하면서 말이다.

커피를 구매하는 일은 메뉴에 올릴 만한 조건을 충족하는 커피를 찾는 일이

Chapter 3
**관계에
투자하는 것의
장기적 가치**

다. 하지만 진실로 훌륭한 커피를 받고 싶다면 공급자와 협력함으로써 얻을 수 있는 잠재력을 간과해선 안 된다. 관계에 투자하고, 찾고자 하는 것을 분명히 한다면—사실 더 중요한 건 자신이 절대 원하지 않는 것이 무엇인지 확실히 아는 것이다—훌륭한 커피를 더 많이 공급받을 수 있다.

차꼰 농장을 방문하고 난 뒤 나는 과테말라로 날아갔다. 루이스 뻬드로 셀라야라는 당시로서는 정체불명이었던 남자를 만나기 위해서였다. 전에 과테말라에 방문했을 때, 상당히 많은 수출업자들—산지에서 목적지까지 커피를 운반하는 물류과정을 담당하는 사람들—을 만나 훌륭한 품질의 커피를 공급하기 위해서는 소규모 로트, 진공 포장이 중요하다고 열변을 토했다. 그런데 대형 수출업체에서 일하던 커퍼인 호르헤 데 레온은 우리가 대형 수출업체를 대상으로 소규모 로트를 강조하는 오류를 저지르고 있음을 알았다. 그래서 그는 루이스 뻬드로에게 연락을 했다. 내가 원하는 품질의 커피를 루이스 뻬드로가 공급할 수 있다는 것을 그는 알고 있었던 것이다.

그리고 얼마 뒤, 그 루이스 뻬드로가 갑자기 샌프란시스코 리츄얼 매장에 찾아왔다. 하지만 아쉽게도 나는 출장 중이라 그를 만나지 못했고, 그는 몇 가지 샘플을 두고 갔다. 출장에서 돌아와 그 샘플을 테스트하긴 했지만, 이미 그해에 필요한 물량을 확보해둔 터라 그때는 그와 거래를 해야겠다는 생각은 하지 않았다. 그러나 과테말라에서 공들였던 거래 시도가 대부분 허사로 돌아가면서, 나는 지푸라기라도 잡는 심정으로 그에게 연락을 했다. 나는 그 다음 날 코스타리카로 돌아가야 하는 일정이었으니, 말 그대로 24시간 안에 가진 것을 준비해서 보여달라고 요구한 셈이다.

대체 왜 24시간밖에 시간을 내지 않았는지 궁금할 것이다.

나는 2008년에 첫 '생산지 방문'을 했다. 그 방문이란 이런 식이다. 느닷없이 들이닥쳐서, 농장 이곳 저곳에서 생산된 것 또는 수확 날짜가 다른 샘플 70에서 80가지를 하루에 커핑한다. 그중에 살 만하다 싶은 로트를 고르고, 날 잡아서 해당 농장에 찾아가 사진을 좀 찍고 커피나무며 농장, 처리과정을 살펴보는 것이다. 눈코 뜰 새 없는 일정이었다.

과테말라행 비행기를 타기 위해 코스타리카의 산 호세 공항에 도착했을 때, 나는 뻬드로에게 아래와 같은 이메일을 보냈다. 그와 제대로 이야기를 나눠본 적도, 심지어 만나본 적도 없는 데다, 아는 사람이 한 명도 없는 도시에 간다고 생각하니 좀 긴장했던 터였다. 그가 내 이름을 잊어버렸을지 모른다고 생각하며 꼼짝도 안 하고 답장을 기다렸다(돌이켜 보면, 비슷한 여행을 수십 번 했지만 놀랍게도 이런 일은 처음이자 마지막이었다). 그때 내가 보낸 이메일 내용은 이랬다.

제목 : 확인 요망
오늘 공항에서 보고 싶은데 가능한지 알고 싶음. 도착 시각 4:15. 그때 봐요!
리츄얼의 라이언

몇 시간 뒤에 답장이 왔다.

네, 펠리뻬(애칭은 깐체)라는 운전수가 당신을 태우러 갈 겁니다. 나는 아나까페(과테말라 커피 협회) 이사회가 있어요. 정족수를 채워야 해서 참석해야 해요. 일단 공항에서 펠리페를 만나 아나까페로 오세요. 나랑 합류해서 같이 안띠구아로 갑시다. 커핑은 대략 오후 여섯 시쯤에 할 거예요(오늘과 내일 샘플 수는 각각 60개 정도입니다).
이따 봐요.
루이스 뻬드로

오늘 60개, 내일 60개라고? 총 120개? 여기서 주목할 단어는 '오늘'과 '내일'이다. 그런데 나의 도착 시각은 '오늘' 오후 4시 15분이다(아마도 5시 30분쯤 안띠구아로 들어갈 것이다). 그리고 다음 날 오후에는 과테말라를 떠나야 한다. 말하자면 과테말라에 머무는 시간은 24시간이 채 안 되는 것인데, 도착해 보니 내가 커핑할 샘플은 140개쯤 되었다. 그리고 그 커피들은 한마디로 노다지였다. 그 여행에서 골랐던 커피 상당수가 리츄얼, 스텀프타운, 통스를 거치며 내가 이끌고 키워왔던 거래 관계의 근간이 되었다.

Chapter 3
관계에
투자하는 것의
장기적 가치

　루이스 뻬드로는 말하자면 선구자였다. 그는 커피를 일일 단위로 끊어 구분하는 생산자였다. 그와의 시작은 미스테리했지만 곧 리츄얼의 과테말라 생두 조달 프로그램의 반석이 되었다. 이후에 안 것인데, 알레코 치고우니스 또한 그를 통해 스텀프타운의 반석을 다졌다고 한다.
　생두 구매는 무엇을 원하는지 공급자와 끝없이 이야기를 주고받는 과정, 사겠다는 진지한 의사 표시, 잠재력이 보이면 곧바로 달려가 만나려는 의지, 그리고 ―고통스럽지만―그들이 우리 목표에 무관심하다면 '아니'라고 말하고 떠날 수 있는 결단력이 결합된 결과이다.
　물론 발자국 하나 떼지 않고서도 성공적인 바이어가 될 수 있다. 다른 바이어들이 전해주는 소식을 많이 들으면 들을수록 여행할 필요는 더욱 더 적어진다. 대부분의 공급자들, 내가 만났던 가장 소규모, 가장 오지의 생산자들조차도 이메일과 문자 메시지를 사용한다. 그리고 무엇보다도 중요한 것인데, 그들도 페이스북을 한다. 나는 사실 처음에 페이스북을 그닥 좋아하지 않았지만, 페이스북 메신저로 커핑 점수며 계약 건을 생산자들과 논의하면서부터는 호감으로 바뀌었다.
　말하자면, 미리미리 생산자를 찾아보고 자주 만남을 이어가면 자신이 원하는 것에 대해 이야기할 수 있는 공통의 관점을 창출하는 데 장기적인 관점에서 도움이 된다는 뜻이다. 오늘 한 번 가면 미래에 두 번 가지 않아도 된다는 뜻이기도 하다. 차꼰 집안과 루이스 뻬드로와의 경험 덕에 나와 우리 로스터는 오랫동안 아무런 어려움 없이 좋은 거래 관계를 유지할 수 있었다. 당신이 생산자와 관계를 잘 맺고 있다면 품질 좋은 커피가 문제없이 배송될 것이라고 믿고 안심할 수 있다는 말이다.

04

Chapter 4
곧바로,
분명하게
반응하라

곧바로, 분명하게 반응하라

생산자와 말이 잘 통하지 않거나
서로 오해하는 상황을
어떻게 피할 수 있을까?

처음에 바리스타였다가 로스터를 거쳐 바이어가 되었다가 지금은 제조 책임자가 된 나로서는, 그 직책만의 노하우가 필요한 일은 절반도 되지 않는다고 생각한다. 사실 대부분의 일들은 산업이나 역할의 종류를 떠나, 유용하고 세부적이며 전문적인 디테일들에 의해 구성된다.

'어디에나 써먹을 수 있는' 기술의 가치나 중요성을 과대 평가하려는 의도는 없다. 다만 너무나 중요함에도 불구하고 커피 바이어들이 무시하거나 대단치 않게 생각한 나머지 상황을 악화시키기도 하는, 기본적인 기술에 대해 말하고 싶다. 바로 '즉시, 명쾌한 태도로 대화하는 것'이다.

커피 구매는 분명한 의사 표시를 실현하는 장이다. 자신의 의사를 빠르게 직접적으로 전할 수 있다면 무조건 도움이 된다. 지금 대화하는 상대는 멀리 떨어져 있고, 대개 언어도 다르고 문화 장벽도 있다. 가격, 품질, 위험 요소, 기대 등 세부적으로 수많은 내용을 다루는 복잡한 사업 거래를 협상하는 상황이다. 게

펄핑 작업 직전의 잘 익은 노란색, 빨간색 커피열매. 니카라과, 디뻴또

다가 지금 대화하는 주제는 커피의 맛, 상당히 주관적일 수밖에 없다. 같은 언어를 쓰고 문화 배경도 같고 똑같이 훈련을 받고 목표도 동일한 전문가끼리도 '맛'의 평가에서는 의견이 다른 경우가 빈번하다. 하물며 언어도 경험도 동기도 다르다면 얼마나 더 어렵겠는가.

공급자들이 바이어에 대해 자주 하는 말이 있다. 바이어들이 구매 단계에서 갑자기 조용해진다는 것이다. 가장 중요한 시점에서 침묵을 하다니! 당연히 공급자들은 바이어가 무엇을 원하는지 대답을 듣지 못해 불안해한다. 그 불확실성 때문에 공급자는 이 바이어랑 사업을 지속할지 주저하고 그러다 보면 재빠른 피드백으로 무장한 경쟁업체들이 꼬이게 마련이다. 나는 언제나 경쟁 바이어보다 더 대답을 잘하고, 기꺼이 무엇이든 해주려는 태도로 공급자를 대했다. 연락이 잘 안 되는 거래 상대방 때문에 공급자가 아주 곤란해한다는 것을 잘 알았기 때문이다.

이는 생두 구매에만 해당하는 일이 아니다. 생두 판매업에 잠시 몸담았을 때

Chapter 4
곧바로,
분명하게
반응하라

에도 그랬다. 청구서를 보냈는데 지불이 늦는 바이어, 이메일을 보냈는데 반응이 없는 바이어가 제일 무섭다. 차라리 '지금은 곤란하니 기다려주세요'라는 응답이, 무반응보다 훨씬 낫다. 나쁜 소식을 받는 게 유쾌한 일은 아니지만 응답을 아예 안 하는 상대는 정말 최악이다. 부정적인 내용일지라도 즉각 응답한다는 건 당당하고 신뢰할 만한 곳이라는 의미이다. 그런데 반응이 아예 없다면 겁쟁이에 예측 불가능한 곤란한 상대라는 뜻이다. 전 세계 로스팅 업체로 커피를 수출하는 회사인 비르맥스에서 일하면서 배운 것 딱 한 가지만 꼽자면, 특히 대규모 물량을 보유한 공급 업체는 예측 불가능한 상대를 절대 좋아하지 않는다는 사실이다.

이제 막 업계에 나온 신출내기이거나, 아직 인맥이 없거나, 취급하는 물량이 적은 바이어라면 특히 더 중요하다. 자신을 믿고 알아줄 사람이 없기 때문이다. 그럴수록 평소에 자주 대화해서 신뢰를 쌓아야 한다. 구글 행아웃, 스카이프, 페이스타임으로 공급자랑 얼굴을 마주 보면서 지금 어떤 사업을 하는지, 커피 조달이랑 구매는 어떻게 하고 싶은지 이야기해야 한다. 이메일에 바로바로 응답하는 것만으로도 착실한 인상을 줄 수 있다.

너무 바빠서 연락을 못 한다고? 물론 커피 구매 말고도 할 일이 많겠지만, 그래도 연락할 시간은 내야 한다. 지금 거래하는 공급자 수가 너무 많아서 연락하기 힘들다? 거래처 수를 줄여야 한다면 그렇게 해라. 그러면 아마도 국내 수입업자—산지에서 들여온 커피를 수령하는 물류를 관장하는 업자—들이나, 여러 서비스를 제공하는 브로커들과 거래를 해야 할 텐데, 필요하다면 그렇게 해라. 다시 말하지만, 공급자와 대화를 하지 않는다면, 경쟁 바이어가 끼어들고, 당신에 대한 신뢰를 잃은 공급자는 커피를 경쟁 바이어에게 넘겨버릴 것이다.

"지금은 뭐라 말해야 할지 모르겠고, 곧 확실한 답을 줄게요"라고 곧바로 짧은 답이라도 보내는 것이 잠자코 있다가 일주일 뒤 명확한 대답을 보내는 것보다 낫다. 간단히 말해서, 평일에는 그날 벌어진 일은 그날 바로 답한다. 특히 공급자와 관계된 일은 반드시 그렇게 해야 한다. 그들을 최우선으로 대접하면, 그들도 당신을 그렇게 대할 것이다.

또 다른 나쁜 버릇은 얼버무리는 것이다. 문화적 장벽, 언어 장벽, 대화 장벽이 이미 있음을 명심하고, 가장 간결하고, 가장 덜 수사적이며, 가장 분명한 단어를 써서, 무엇을 바라는지, 어떤 상황에서 무엇을 원하는지를, 더 이상 의문점이 없을 때까지 설명한다. 공급자와 대화를 나눌 때 이런 태도는 필수적이다. 가능하다면 바라는 상품에 대해, 그것을 원하는 이유, 앞으로 얼마나 사용할 것인지까지 분명하게 설명해야 한다. "높은 가격대의 싱글 오리진 드립 커피로 판매할 목적인데, 에티오피아산 깔끔하고 꽃향기가 나며 달콤한 향미의 커피 10포대를 사고 싶다"처럼 말이다.

이렇게 하면 공급자는 구매자의 요구를 잘 파악할 수 있고, 이런 분명한 의사소통은 구매자와 공급자 모두에게 이익이다. 이런 정보를 알고 있으면 공급자는 구매자가 원하는 것을 미리 추려내 제안할 수도 있다. '싱글 오리진 드립용이라고 하니 높은 가격대로 팔겠구나. 그러면 단가가 더 비싸도 품질이 뛰어난 것을 권하자. 마케팅에 쓸 산지나 생산자 정보도 제공해야겠다' 하는 식으로 말이다.

전 세계 공급자와 접촉하고, 연락을 원활하게 하려면 최첨단의 소프트웨어를 사용해야 할 때도 있다. 2009년 온두라스 엘 뿌엔떼 농장의 마리사벨 까바예로를 찾아갔을 때는 왓츠앱이란 스마트폰 프로그램을 소개받았다. 그녀는 전 세계 바이어들과 이 앱으로 대화를 나누었다(2010년에 에콰도르에 갔을 때는 웨이즈Waze라는 앱을 다운로드했다. 남미는 오지, 시골 도로로 갈수록 구글맵이 잘 안 맞는다). 나는 이메일로 대화하는 것이 익숙하고, 스카이프나 구글 행아웃을 자주 쓴다. 하지만 공급자랑 대화할 때는 페이스북 메신저, 야후 챗, MSN 챗 등등도 쓸 수 있어야 한다.

공급자가 원할 때 언제든 쉽게 통화할 수 있는 사람이 되는 것이야말로 사업 관계에, 궁극적으로 커피 공급을 잘 이끌어나가는 데 엄청나게 도움이 되는, 가장 쉬운 비결이다.

05

Chapter 5
공급자에게
잘해라

공급자에게
잘해라

**공급자들과 지속적으로
정보를 주고받고
거래를 유지하는 방법은?**

가장 성공적인 커피 바이어는 커피 생산, 커피 품종, 커피 로스팅을 가장 잘 아는 사람이 아니다. 가장 돈을 많이 지불하는 이도, 가장 적게 내는 이도 아니다. 물론 여행을 가장 많이 하거나, 가장 적게 하는 이들도 당연히 아니다.

　최고라고 인정받는 커피 바이어들의 공통점은, 그들이 최고의 대화 기술을 가지고 있다는 사실이다.

　특히, 커피 바이어가 저지르기 쉬운 가장 흔한 실수는 공급자에게 제때 응답하지 않는 것이다. 물론 당신은 여행 중일 수도 있고, 뭔가 매우 중요한 일로 바쁠 수도 있고, 연구실로 돌아가는 중일 수도 있고, 이유야 많다. 당연히 누구나 다 바쁘다. 그렇지만 "지금 바빠요"라고 말하는 것이 '우리 공급자는 내가 말 안 해도 잘 알고 있을 거야'라고 속 편하게 생각하며 연락을 씹는 것보다 낫다.

　공급자를 기쁘게 해서 거래 관계에 도움이 되는 다른 방법들을 소개한다.

고객들의 피드백을 제공할 것

이 복잡한 커피 공급망에서 일어날 수 있는 모든 일 가운데, 가장 중요하고 분명한 것은 최종적으로 사람이 커피 음료를 마신다는 사실이다. 지금 잠시, 소비자의 경험이 얼마나 중요한지 생각해보자. 그리고 스스로 물어보자. "이 경험을 공급자와 나누면 어떨까? 자신이 생산한 커피를 사람들이 어떻게 느끼는지 알면 공급자도 좋아하지 않을까?"

공급자에게 고객들의 피드백을 전달하지 않는 게 당신의 성격이 나빠서일까? 아니다. 단지 공급자가 별로 관심이 없을 거라 생각했을 뿐일 것이다. 하지만 아니다, 공급자들은 고객에게 관심이 많다. 고품질의 커피를 생산하는 사람들은 커피 품질을 조금이라도 더 향상시키기 위해서 엄청나게 많은 노력을 하는 사람들이다. 그리고 그 주된 목적은 그 차이의 가치를 잘 알아채는 고객을 만족시키는 데 있다. 그러므로 그런 고객들의 세세한 경험과 내용을 숨기지 말자. 곧장 공급자들과 공유하고, 더 많이 공유하자.

성장을 공유할 것

공급자에게도 좋은 일이면서 어렵지 않게 실천할 수 있는 일인데도 흔히 간과하는 것이 있다. 사업이 성장하면 공급자와의 거래 규모를 키우자. 물론, 사업 규모가 커지면 공급자 인프라를 키우기도 쉽거니와, 지나치게 소수의 공급자에만 의존하는 것도 사실 바람직하지는 않다. 그러나 당신이 성장하는 데 도움이 되어준 공급자들, 특히 히트를 친 커피를 공급해준 이들과 함께 성장하는 것은 여러 모로 좋은 일이다. 그들은 장차 당신이 더 많은 커피를 사주리라 기대하면서 당신과 함께 해왔다. 그러므로 성공의 기쁨도 그들과 함께 나누자.

Chapter 5
공급자에게
잘해라

경쟁 업체를 소개해줄 것

좀 미친 소리로 들리겠지만, 공급자가 한 바이어에게만 의존하고 그 업체 사업에 목매는 것은 참으로 제국주의적인 발상이다. 당신의 친구, 파트너라고 할 만큼 좋은 공급자라면, 당신을 통해 다른 바이어와 연결되도록 주선해야 한다. 모르긴 몰라도 그들이 생산하는 양은 당신이 구매하는 양보다 훨씬 많을 것이다. 그리고 믿고 싶지는 않겠지만, 그들은 필요하다면 여러 업체에 연락할 수 있다. 차라리 당신이 경쟁 업체를 소개해주는 것이 더 낫다.

공급자는 아마도 훨씬 더 무시무시한 기회비용을 생각할 수도 있다. 어쩌면 스페셜티 커피를 생산하는 일을 재고할지도 모른다. 멋진 농장을 운영하는 훌륭한 생산자이면서도, 더 쉬운 길로 가는 걸 고민하고 있다고 얘기했던 이들은 엄청나게 많았다. 품질이 낮은 상용Commercial 커피를 생산하는 길 말이다. 고품질의 커피를 생산하려면 그보다 못한 커피를 생산하는 것보다 훨씬 경비가 많이 들어가고 시간과 노력도 그만큼 더 많이 필요하다. 물론 보상이 더 클 수 있겠지만, 항상 그런 것도 아니다. 그리고 그 보상이 재정적인 이득을 의미하는 경우는 드물다.

나는 제법 많은 생산자들을 경쟁 업체에 직접 연결해줬다. 2010년에 알레한드로 발리엔떼를 만났을 때, 그는 바이어와 직거래 관계를 맺는 것이 과연 어떤 장점이 있는지 미심쩍어했다. 나는 그에게 몇 군데 경쟁 업체를 연결해주었고, 그들과 지금도 거래하고 있다. 이런 결정은 나에게도 도움이 되었는데, 덕분에 경쟁 업체들과도 친분이 돈독해졌다. 이러면 모두에게 좋은 일이 아닌가. 나는 알레한드로의 집에 몇 번이나 머물렀고, 그의 아내, 딸도 잘 안다. 그 또한 우리 집에 머무른 적이 있다. 그가 나에게 훌륭한 커피를 공급하지 않을 이유가 없다.

공급자와 당신의 관계를 믿는다면, 그들을 경쟁 업체에게 소개해라. 공급자의 성공이 당신의 성공이 된다.

사업에 대해 대화할 것

공급자라면 누구나 빠르게 성장하는 고객을 원한다. 거래처의 사업이 잘되면 구매량이 늘 가능성이 크고 구매가 한순간에 사라질 위험도 줄어든다. 이미 여러 번 겪어봤지만 원두 사업이 지지부진해서 '금년엔' 주문을 못 한다고 생산자에게 말하고, 공급자가 곤란해지는 것을 지켜보는 건 여전히 상당히 힘든 일이다. 모든 공급자들은 고객이 제때 대금을 지불하기를 바라지만, 그렇지 않은 경우가 많다. 특히 미국 쪽 고객들이 문제인데, 커피가 배송된 뒤에 지불 기한을 연장한다(수령 후 30일째에야 대금을 지불한다).

생두 청구서를 무조건 우선순위로 삼으라는 뜻은 아니지만 자신이 할 수 있는 범위에서는 더 나은 방법이 몇 가지 있다. 아래 권고사항은 커피 생산자, 수출업자, 브로커, 수입업자 등 모든 유형의 공급자에게 해당된다.

예상하게 할 것 공급자가 당신의 사업 방향이 어떻게 변화할지 아는 게 좋다. 앞으로 어떤 유형의 커피를 얼마나 살 것인지 계획이 있다면 특히 그렇다. 여기에 맞추어 공급자도 계획을 짤 테니 말이다. 계약서에 서명하기 전까지 비밀로 하는 것도 물론 의미가 있겠지만, 그래도 공급자가 예측할 수 있게 정보를 제공하는 게 좋다.

품질에 대해 말할 것 농업은 어려운 사업이다. 대개의 커피 생산자들은 연중 3분의 2에 해당하는 기간 동안 고생스럽게 열매를 가꾸고, 비싼 인건비를 들여 핸드픽 인부를 고용하며, 건조, 가공, 선적 준비 작업에 많은 돈을 쓴다. 이런 것을 다 하고 나서야 이 모든 노력에 대한 몇 푼의 보상을 받는다. 당신은 반년을 기다려야 일의 대가를 받는 상황을 상상할 수 있을까? 아니, 자신이 생산한 커피의 품질이 더 좋다는 걸 인정해주고 그에 합당한 비용을 지불하려는 바이어가 있을지 없을지 모르는 상황에서 기다려야 하는 생산자의 마음을 상상할 수 있을까?

Chapter 5

공급자에게
잘해라

　이런 질문들은, 당신이 커피를 얼마나 살지 말하는 것뿐 아니라, 당신이 원하는 향미 특성과 품질에 대해서 공급자들과 소통하는 것이 얼마나 중요한지를 잘 보여준다.
　당신은 이 커피로 무엇을 할 생각인가? 보통의 수치화된 예측들이 그러하듯, 그 어떤 것도 계약을 맺기 전에는 구속력이 없다. 그래도 공급자와 상호 이해를 나누는 것은 도움이 된다.

지불할 가격에 대해 말할 것　구매자가 자신이 지불할 가격이 얼마인지 분명히 표현하면 노력과 시간을 상당히 줄일 수 있다. 커피가 마음에 들어서 신나 있다가 가격을 듣고서는 '블렌드에 쓸 건데 예상했던 단가보다 1달러나 더 비싸네?' 하고 당황하는 상황은 자주 벌어진다. 게다가 이런 상황이 발생하는 건 가격 때문만이 아니다. 내 경험을 말하자면 커핑 테이블에 깔린 커피 품질이 형편없어서 실망하고 있었을 뿐인데 공급자들은 내가 예산이 부족해서 망설이는 줄 알고 커피를 치워버린 적이 있다. 의도적으로 말이다. 물론 내 실수다. 나의 의도를, 품질이 특별하면 돈도 특별할 정도로 기꺼이 치를 수 있다는 의지를 전달했어야 했다. 원하는 것보다 낮은 품질의 커피라고 해서 실망하는 티를 내는 게 아니라 말이다.

불행한 일이 벌어질 수 있다　2007년에 나는 신출내기 바이어였고, 제대로 예측하는 법을 거의 몰랐다. 에티오피아 리무 수세 커피를 테스트하다가 마음에 드는 커피를 발견했고, 그 커피를 거의 1년치나 사버렸다. 그때 제정신이 아니었던 것 같다. 과거에 했던 결정을 떠올리면서 무슨 근거로 그런 결정을 했는지 기억을 되새겨도 도무지 알 수 없는 경우가 있는데, 그때가 그랬다. 아마도 그때 상대방이 우리 사업이 성공적으로 확장할 거라면서 나한테 헛바람을 넣었던 것 같다. 우리가 곧 매장 두세 개쯤은 열게 될 거라는—안 열었다—말도 했던 것 같다. 몇 주 지나지 않아서, 내가 실수했음을 깨달았다.
　이런 상황에서 당신이라면 어떻게 하겠는가? 나는 거의 일 년에 걸쳐 몇 주마다 조금씩, 필사적으로 그 커피를 소비했다. 짐작하겠지만, 마지막 몇 주에 볶은 커피는 당연히 처음만큼 맛이 좋지 않았다.

그 커피를 다 쓰고 나서, 나는 수출업자에게 "그렇게 많이 사는 게 아니었다"고 얘기했고, 그는 "처음에 주문을 취소했어도 되는데요"라고 사무적으로 대답했다. 하지만 정말 그렇게 했다면 그가 "우아! 신난다" 했을까? 그렇지는 않았을 것이다. 주문을 자주 변경하는 고객을 좋아하는 업자는 없다. 하지만 그의 예상과 달리 내가 커피를 소비하는 데는 긴 시간이 필요했고, 덕분에 그도 대금을 늦게 받았다. 둘 다 손해를 본 것이다. 만약 그때, 내 실수를 깨닫자마자 "너무 많다!"고 했다면 그 업자는 다른 바이어에게 그 커피를 팔았을테고 나도 점점 나빠져가는 커피를 껴안고 1년을 살 필요는 없었을 것이다.

불행한 일은 벌어지기 마련이다. 어떤 건 당신의 잘못 때문이겠지만 당신이 피해자인 경우도 많을 것이다. 그렇지만 누가 욕을 먹어야 하는가에 연연하지 말고, 공급자와 이야기를 해라. 그러면 그들도 이해해줄 것이다. 믿을 만한 친구라는 명성은 그렇게 쌓아가는 것이고, 그 이름값은 여러 면에서 도움이 된다.

정신적인 황금률(당신이 바라는 만큼 남에게 베푸는 것)을 지켜가며 공급자와 관계를 맺는 것, 불편한 상황에서 벗어나고 싶어 하는 공급자의 마음을 이용하지 않는 것, 이것이 얼마나 중요한지 거듭 강조하고 싶다. 지금 당신이 취급하는 커피는 합리적인 품질 범위 내에서 골라서 사는 커피이다. 한두 번쯤은 책임을 회피하거나 커피를 주문하겠다는 약속도 날려버릴 수 있다. 하지만 당신이 계속 불확실한 태도를 보여 공급자를 괴롭게 한다면, 그들은 새 고객을 찾아갈 것이고 결국 당신과 거래를 끊을 것이다.

청구서는 제때 처리해야 하고, 계약서 서명도 가능한 빨리 해야 하며, 재고 관리도 잘해야겠지만, 언제나 그렇게 완벽하게 할 수는 없다. 무언가 문제가 있다는 것을 알게 된 즉시 공급자에게 연락을 하자. 지금 기한을 넘겨버리기 전에 이메일을 보내고, 기한을 넘겨버렸다면 그 사실을 알자마자 바로 연락을 해라. 공급자가 가장 걱정하는 것은, 특히 청구서 기한이 지나가버린 경우에 더더욱 그러한데, 당신이 아무 말도 안 하는 것이다.

06

Chapter 6
공급자에게
언제 조언을
해야 할까?

공급자에게 언제 조언을
해야 할까?

**당신의 지식을
공급자에게
어떻게 전해야 할까?**

바이어 일을 어느 정도 하다 보면, 커피 농장도 여럿 알게 되고 스스로 '나는 아는 게 많은 커피 바이어'라는 자신감이 느껴지는 시기가 온다. 사람들의 행동 패턴이 보이고, 생산자들이 특정한 방법으로 작업하는 이유에 대해 설명하는 걸 듣게 된다. 커피 농장, 처리장, 건조장, 기타 여러 곳에서 주요 품질 속성에 영향을 주는 것들이 무엇인지 예측할 수도 있다. 이런 것들은 다 좋다.

그렇지만 이런 예상들이 몇 번 들어맞으면 당신은 확신을 가지게 되고, 확신이 지나치면 자만에 빠질 수 있다. 생두 구매 사업에 오랫동안 종사했다면 필연적으로 생산자에게 조언이 하고 싶어진다. 그렇지만 진심으로 권하건대, 아주 조심스럽게 접근해야 한다.

바이어 초창기 시절, 과테말라 사까떼뻬께스 지역 농장에 들렀을 때의 일이다. 그때 나는 취미로 농장을 운영한다는 한 생산자의 집에 머물렀다. 우리는 그의 농장을 방문했고 꽤 오래 처리장을 둘러봤다. 그러다 처리장의 발효조를 보게 됐는데, 그냥 콘크리트로 된 발효조였다. 나는 그걸 보고 사실 많이 놀랐다. 당시만 해도 내가 방문했던 농장의 수가 많지 않았는데, 공교롭게도 그 농장들의 발효조에는 죄다 흰색 타일이 붙어 있었다. 사람들 말에 따르면, 타일이 청소도 쉽고 흰색이라 더러워져도 금방 알아볼 수 있어서 좋다고 했다. 내가 들어도 그럴듯한 설명이었고, 고품질의 커피를 생산하는 처리장 여러 곳의 발효조 역시 타일이 붙어 있었다.

그때 그 생산자가 나에게 자신의 처리장에 뭔가 개선할 것이 있냐고 물었다. 아마도 심상치 않은 내 안색을 보고 불안했던 것 같다. 그때의 나는, 이제 막 알게 된 얄량한 지식을 펼치고 싶어 안달이었던 상태라, 발효조에 흰색 타일을 붙이는 것이 어떠냐고 말해버리고 말았다.

자, 보자. 그 정도 조언이 뭐 그리 나쁜 짓은 아니지 않은가. 사실 그가 먼저 나에게 의견을 묻기도 했으니 말이다. 게다가 나는 그 농장에서 커피도 산 뒤였다. 경매로 산 것이긴 하지만. 아무튼 내가 강조하고 싶은 것은 그 당시 나는 농장이나 처리장에 대한 실제적인 경험이 거의, 아니 전혀 없다고 해도 될 만큼 적은 새내기 바이어였다는 사실이다. 게다가 우리 둘 사이에 친분 따위는 없다. "제가 본 발효조 개수가 제 손가락 수보다 적은데 말입니다. 그럼에도 굳이 제 의견을 들으시겠다면"이라고 최소한의 방어막을 치지도 않았고, 흰색 타일을 붙이는 비용이 얼마인지도 전혀 모르는 상태로, 심지어는 내가 그렇게 해야 한다고 말하면 그가 어떤 압박감을 느낄지도 전혀 모르면서 그냥 내뱉은 것이다. 그가 커피를 처리하는 과정을 지켜보니 일반적인 처리 패턴과 다른 부분이 있었다. 그는 아직 다 마르지 않은 커피를 포대에 담아 포장하고 있었다.

그때 나는 그렇게 말하는 대신에 어떤 정보를 주어야 했을까? '지난번에 산 커피 참 좋았다. 커피 생산에 대해서는 아직 아는 것이 너무 없어서 그 질문에는 대답하지 못하지만, 커핑 쪽은 내가 어느 정도 전문성이 있으니 커핑 점수는 알려줄 수 있다'고 하는 정도 아닐까? 만약에 그가 다른 처리장에서는 어떻게 하더냐고 물었다면, 흰색 타일을 붙인 발효조 이야기도 할 수 있었을 것이다. 그렇지만 그런 경우에도 확실히 효과가 있을지, 가성비는 어떨지 모르겠다고

Chapter 6
공급자에게 언제 조언을 해야 할까?

미리 언급해야 한다.

그럼, 자기 비하적이기는 하지만 당신이 언제 생산자에게 조언을 해도 괜찮은지 지침을 주겠다; 한마디로 그런 때란 없다!

물론 농담이다. 그런데 사실 진담이기도 하다. 아래가 진짜 방법이다.

1. 당신이 커피 전공 농학자라면 가능하다. 당연히 아니겠지만.
2. 당신이 농장, 수세식, 건식 처리장을 백 군데 이상 가봤다면 가능하다. 이쯤 되면 충분히 알고 배운 상황이라 커피의 주요 생산, 처리, 준비 과정이 최종 제품에 미치는 상대적 비중에 대해 바로 알아차리는 경지에 도달한다.
3. 당신이 특정 생산자와 직접 거래 형태로 커피를 사고 거래를 한 지 최소 2년 이상 되었다면 가능하다. 2년 정도 커피를 구매하고 협력해왔다면 그 커피에 대해서는 반 전문가가 되었을 테니까. 여러 시즌의 수확분을 로스팅하고 수없이 맛보았다는 뜻이고, 그런 당신이 지속적으로 관여하는 것은, 구매자로서 가치 있는 관점을 가지고 있다는 의미이다.
4. 생산자가 특정한 주제에 대해 조언을 구하고, 마침 당신이 그걸 잘 안다면 가능하다. 예를 들어 저기 위 사례에서 생산자가 자기 발효조가 완벽해 보이는지, 다른 곳은 어떤지 물어봤다면, 나는 다른 수세 처리장에서 본 것들을 말해도 무방했을 것이다.

위 지침 중 어느 하나 충족하는 것이 없으면, 조언을 할 권리 정도는 깨끗하게 포기하기 바란다. 위 지침을 하나 이상 만족한다 할지라도, 우선은 당신이 갖추지 못한 것부터 밝혀야 한다. "내가 농학자는 아닌데, 농장은 좀 가봤거든요. 그리고 다른 생산자들 보니까 요런 방식으로 하니까 성과가 좋은 것 같더라고요"라는 식으로 말이다.

07

Chapter 7
예측하기

예측하기

구매량은 어떻게 결정하는가?
너무 많이 사는 것이랑
너무 적게 사는 것 중에서
어느 것이 나을까?

2011년에 커피 상품 시장 가격이 지난 수십 년 기간 중에서 최고가로 올랐다. 몇몇 생산자들은 계약한 대로 커피를 보내지 못해 계약 불이행 상황을 맞았다. 아마 더 높은 값을 제시하는 곳에다 팔았을 것이다. 돈을 더 내라고 요구하는 생산자들도 있었다. 그렇게 많은 사업 관계가 타격을 받았다. 당시 나는 스텀프타운에 있었고, 스텀프타운은 벤처자금 지원을 받은 업체에 인수된 터라 급속히 성장할 것처럼 보였다. 직원들 모두 장차 개장할(계획도 안 잡힌) 매장을 위해 커피가, 엄청나게 많은 커피가 필요하다고 생각했다.

그런데 가격이 어떻게 될지는 아무도 몰랐다. 어떤 독립 수입업자 대표는 블로그에다 '하염없이 가격이 내리기를 기다리다가 가격이 더 오르기 전에 그냥 지금 높은 가격으로 사는 편이 낫다'고 포스팅했다. 그는 바이어들이 가격 거품이 꺼지길 기다리느라 매매가 둔화되는 걸 보고, 자기 고객들에게 '지금 커피를 사라!'고 부추기고 싶었을 것이다. 아무튼 그가 로스터들에게 그냥 평소대로 사업하라고 한 것은 올바른 조언이었다.
 자, 그러면 우리 스텀프타운은 어떻게 했느냐, 우리는 커피를 왕창 사들였다. 정말 많이……. 그러나 곧 오픈할 줄 알았던 매장은 열리지 않았고, 1년 뒤 우리가 마주한 것은 무지무지한 롱 포지션(파생 시장에서 보유 포지션을 말함)이었다.—창고에 우리 이름이 적힌 커피 포대가 산더미같이 쌓여 있었다는 뜻이다.—게다가 아직 장부랑 계약서 상으로 들어올 커피가 더 있었다. 나는 그때 그야말로 눈이 뒤집어졌는데, 몇 개월 동안 스텀프타운 구매팀과 함께 여기저기에 묵은 커피를 팔아야 했고, 공급자들에게 계약을 취소하거나 축소해달라고 부탁하느라 엄청나게 고생을 했다.
 좋은 커피를 사는 것은 사실 며칠 걸리지 않는다. 수입업자에게 연락해 샘플을 받아 커핑한 후 가장 좋은 것으로—아니면 가장 나쁜 것을 피해서—선적시키면 끝이다. 그러나 사 온 커피를 다 볶아서 파는 데는 수 개월 이상 걸린다. 그래서 덜 사는 것이 많이 사는 것보다 낫다.
 쓰레기더미 속에서 최고의 커피를 찾으려는 사람이 누구냐라고 묻는다면, 나는 너무 많이 사는 사람이 그런 사람이라고 대답하겠다. 지금 재고가 빵빵해도, 끝내주는 커피를 발견했을 때 사지 않고 지나가기란 어려운 일이다. 그래서 커핑 테이블에 좋은 커피가 나타나면 일단 사고 보는 것이 인지상정이다. 그렇지만 그 끝내주는 커피의 마지막 배치를 볶으면서 '아, 그때 더 많이 살걸' 하며 고통스러워하는 게 낫지, 6개월은 더 쌓여 있을 커피 더미를 바라보며 '사지 말걸' 하고 후회하는 건 어리석은 짓이다.
 너무 길게 말하는 것 같긴 하지만, 커피를 너무 많이 샀다는 부담감을 상대적으로 더 크게 느끼는 사람이라면 상황은 더 악화된다. 이때부터 로스팅 직원, 바리스타, 판매팀은 이 애물단지를 어떻게 팔아야 할지 도덕적 갈등에 빠진다. 고객들은 선택지가 적은 데 불만을 쏟아낼 것이고, 메뉴를 구성하느라 애썼던 당신의 공은 평가 절하된다. 공급자, 특히 관련 수입업자는 좌불안석이다. 미국의 업체들은 창고에서 커피를 가져오고 난 뒤에 지불하는 것이 일반적이다(30일이나 지나야 주기도 한다). 즉, 수입업자는 자기가 언제쯤 돈을 받을지 알 수 없다. 그리고 돈이 더 많이 든다. 많이 사려면 돈이 많이 필요한 것은 당연한데, 자금 대출을 받으려면 연이율이 12-18%나 된다. 으악!

사업이 급속히 성장하는 중이라면, 이 성장이 앞으로도 쭉 이어지거나 심지어 더욱 빠르게 성장할 거라고 생각하기 쉽다. 악재가 될 요소들은 쉽게 간과한다. 예를 들어, 구매한 양을 충분히 소비할 만큼 커피가 잘 팔린다 해도, 위험 요소는 여럿 있다. 로스팅 기기 용량이 12kg밖에 안 될 수도 있고, 직원 중에 로스팅을 할 수 있는 인원이 한 명뿐일 수도 있다. 12온스들이 봉투가 두 달치밖에 없을 수도 있고, 포장기계 속도가 분당 6개 수준에 그칠 수도 있다.

어떤 제약 사항이건, 물품과 설비를 갖추고 새로운 현실에 익숙해지는 데 시간이 얼마나 걸릴지 계산해야 한다. 물론 대용량 로스팅 기계를 새로 사거나 로스팅 담당 직원을 구하고, 포장기계를 더 살 수도 있다. 그러나 돈이 많이 드는 일이고 밤새 후딱 해치울 수 있는 일도 아니다(신형 로스팅 기계를 사려면 돈도 시간도 엄청나게 많이 필요하다).

이유가 무엇이든지 간에, 원두 생산이 생두 재고량에 비해 미진하다면, 생두의 질은 점점 떨어질 것이다(21장 참조). 좋은 요소가 사라지면 나쁜 요소가 더 두드러지는데, 그걸 수 주, 때로는 수개월씩(때로는 수십 개월을) 지켜보아야 한다. 그것들은 마치 떠날 생각을 하지 않는 불청객 같다. 품질은 죽었지만 이름은 메뉴에 살아 있다. 커피 좀비나 다름없다.

3-6-12 법칙

이 책에서 읽고 싶은 부분이 전혀 없어도 이 부분만큼은 꼭 읽어주기 바란다: 하루 커피 소비량에 맞추어 커피 소모량을 예측하되 절대로 여유 있게 계산하지 말 것. 차라리 그보다 적게 정해라. 이 말이 애매하게 들린다면, 한마디로 이렇게 정리하겠다: 구매 결정을 내릴 때, 사업이 계속 성장할 것이라고 가정하지 말 것.

현재 커피 소비량을 기록해두자. 그리고 커피 소비량이 언제 오르고 언제 떨어지는지, 그 이유는 무엇인지 파악해두자. 이제 주간 단위로 커피가 얼마나 필요할지 예측하고 틀렸다면, 그 이유를 찾아내자. 매장 매니저나 도매팀, 또는 그 외 답을 알 만한 친구, 통찰력 있는 사람들을 찾아 조언을 들어라.

이제 예측의 단계다. 나는 3-6-12법이 효과가 있다고 믿는다. 이 방식은 다음과 같다.

3- 앞으로 3개월 동안 쓸 커피를 갖고 있어야 한다: 지금 가지고 있는 재고 말고 다른 커피는 볶으면 안 된다는 말이 아니다. 지금 재고를 3개월 안에 다 소진해야 한다는 소리도 아니다. 어떤 경우에든 볶을 수 있는 커피를 3개월치는 갖고 있어야 한다는 말이다.

6- 앞으로 6개월 동안 쓸 커피의 배송 상황과 계약에 대해 알고 있어야 한다: 커피를 확보하는 데 문제가 될 만한 상황을 신속하게 예측할 수 있으려면, 몇 주마다 한 번씩 계약된 커피의 진행 상황을 확인하고 공급자와 물류 상황에 대해 논의해야 한다. 피드백을 잘하는 공급자도 때로는 선적 지연이라든가 도착 일정 공지를 잊어버리기도 한다. 한번은 커피가 도착한 지 30일이 지나서야 소식을 받은 적도 있다. 더 자주 확인했다면 그가 성가셔했을 수는 있겠지만 그런 끔찍한 상황은 벌어지지 않았을 것이다. 확인하는 방법은 간단하다. 물건의 위치 통보를 요청하면 정보가 온다. 위치 통보문에는 전문 용어랑 축약어가 써 있는 경우가 많은데, 해석하느라 골치 썩지 말고 설명해달라고 하자.

12- 12개월 내에 어떤 커피가 필요한지 공급자와 계획을 짠다: '대부분'의 생산자는 1년 단위로 수확한다. 그러므로 재고가 있으면 응답이 빨리 올 것이다. 이때 반드시, 커피를 얼마나 살 것인지 정확히 이야기해야 한다. 잊지 말자. 추가 주문은 언제든지 할 수 있지만 사겠다고 해놓고 나중에 무르는 건 거의 불가능하다. 당신은 생산자에게 다른 곳에는 팔지 말라고 말할 텐데, 이

것은 당신의 신뢰도에도 영향을 끼친다. 약속을 깨면 평판이 떨어지고, 그 소문은 당신이 커피 업계에 있는 내내 따라다닐 것이다.

이 3-6-12법에 걸맞는 요소들을 충족하려면, 품절이나 재고가 남아도는 상황이 닥쳤을 때 반응할 준비가 되어 있어야 한다. 필요량보다 재고가 적다면, 공급자에게 연락을 하자. 3개월 계획에서 쓸 양이 부족하다면 이는 수입업자나 인근 공급자를 찾아야 한다는 뜻이다. 12개월짜리 계획 안에서 커피가 부족하다면, 산지 주변의 공급자, 말하자면 생산자나 수출업자 또는 장기 계약을 맺을 만한 수입업자를 찾을 필요가 있다.

커피가 너무 많다면, 그런 상황을 다시는 겪지 않도록 좀 더 적극적으로 움직일 필요가 있다. 당신이 커피를 더 많이 사고 싶을 때 도와줄 사람은 한량없이 많지만 커피 재고를 줄이고 싶을 때 당신을 도와줄 사람은 찾기 힘들다. 다음 3개월 동안 쓸 커피가 너무 많으면 그중 일부를 6개월 계획으로 넘길 수 있는지 판단해야 한다. 예측에 능하다면 그렇게 나쁜 상황은 아니다. 초과분을 잘 계산하면 6개월 계획, 12개월 계획 안에서 쉽사리 소화할 수 있다. 즉시 12개월 분 계획 분량을 줄이고, 6개월 계획의 계약에서 빠져나갈 여지가 있다면, 구매량을 줄여도 되는 선택지가 있는지 살펴보자. 사둔 것이 너무 많다면, 즉시 공급자와 협력해 상황을 타개하도록 하자. 커피는 많이 사두었는데 대처를 제대로 하지 않는다면, 거래 관계는 돌이킬 수 없을 정도로 망가질 수 있다. 이런 문제를 해결하는 길은 여러 가지가 있지만, 무엇보다 빠르고, 결단력 있게 행동할 것을 권한다. 그래야 가능한 빨리 건전하게 구매를 재개할 수 있다.

주 단위로 어느 정도 양을 볶는지 알았다면, 3-6-12법에 따라 양을 예측해보자. 지금 생두를 주당 1000kg 볶는다면, 다음 3개월 분량에 해당하는 13000kg은 창고에 갖추고 있어야 한다. 현재 재고가 그보다 적고 다음 6개월 동안 사입할 양이 많지 않다면, 수입업자에게 연락해서 당장 3개월 동안 쓸 수 있는 재고분이 얼마나 있는지 물어보자. 반드시 기억할 것은, 앞으로 1-2개월 안에 커피가 한 트럭 도착하게 되어 있다 할지라도, 불가피한 이유로 배송 지연이 되거나, 세관에서 컨테이너를 검사하겠다고 결정해버리면 손쓸 도리가 없다. 자주 있는 일은 아니지만, 국제 무역에서는 이런 일이 얼마든지 일어날 수 있다. 나 역시 지금 당장 커피가 떨어져서 발을 동동거리는 시급한 와중에, 수입업자가 침울한 목소리로 "우리 컨테이너가 무작위 검역에 걸렸어요. 배송이 적어도 2주는 늦어질 겁니다"라는 슬픈 소식을 전하는 전화를 받은 적이 있다.

천 리 길도 한 걸음부터

유사 이래 커피값이 가장 비쌌던 시기에 벌어진 스텀프타운의 구매 대란에서 배울 거리를 하나 더 찾아보자면, 시장은 고객을 만족시키고 품질을 최적화하려는 바이어 편이 아니라는 사실이다. 우리는 가격이 더 올라가리라 생각했고, 그래서 우리가 찍어놓은 것들을 확보하기 위해, 혹시나 6개월 뒤 가격이 더 오르고 커피는 없는 상황이 올까 두려워서 커피를 마구 사들였다. 우리는 틀렸고, 그 때문에 상황은 더 나빠졌다.

상품 시장(commodity market)을 너무 염두에 두지 말 것

상품 거래업자로서 성공가도를 달리는 사람이 아니라면, 그냥 자신만의 예측법을 충실히 따르고, 상품 시장의 가격 변동에는 눈을 감자. 물론 좋은 기회 몇 번은 놓치겠지만 함정도 피할 것이다. 가장 좋은 대비책은 상품 시장에 뛰어들지 않는 것이다. 그냥 필요할 때 원하는 것을 사자.

가격에 기반하여 예측할 것

소위 '시가' 메뉴가 있다면, 말하자면 생두 가격이 소비자 가격에 엄청난 영향을 미치는 경우라면 그 가격을 바탕으로 예측하면 된다. 비싼 커피보다 좀 덜 비싼 커피가 빨리 팔리는 건 당연한 일이다. 그렇지만 이것을 바탕으로 어떻게 계획을 짤 수 있을까? 리츄얼의 메뉴는 비교적 가격대가 높은 싱글 오리진이 대부분이었고, 나는 가격의 변동 없이 각 메뉴를 2-4개월 안정적으로 유지하고 싶었다. 그때, 커피 재고가 언제까지 갈 것인지 가장 잘 알려주는 지표는 바로 총 로트 가격이라는 사실을 깨달았다. 말하자면, 어느 기간 동안 600달러만큼 팔린다면, 그 기간 동안 파운드당 4달러짜리는 150파운드, 파운드당 2달러짜리는 300파운드, 파운드당 6달러짜리는 100파운드가 팔린다는 말이다.

뭐, 그쯤 나오긴 하지만, 이 '표준' 가격에서 양이나 가격이 좀 벗어나면, 이 공식이 잘 들어맞지는 않는다. 특히 양이 많으면 그렇다. 생두 가격이 파운드당 20달러라면 분명 대단한 커피겠지만, 그 커피가 아무리 끝내준다 한들 거기에 맞춰 가격을 매긴다면 60kg 한 포대도 다 팔기 힘들다. 그리고 파운드당 1달러짜리가 과연 괜찮을까 싶겠지만, 60kg 포대로 스물네 포대씩 사겠다는 고객들이 당장 줄을 설 것이다(파운드당 1달러짜리 커피는 절대 사면 안 될 뿐만 아니라 이런 물건을 파는 업자랑은 말도 섞지 말아야 하는 이유가 있긴 한데, 여기에서 쓸 내용은 아니다).

08

Chapter 8
샘플

샘플

일일 샘플, 종류별 샘플, 구매용 샘플,
선적 전 샘플, 도착 샘플, 보유 샘플은
각각 어떻게 다를까?

일일 샘플

일일 샘플은 하루 단위로 수확한 커피로 만든 샘플이다. 일일 샘플의 의의는 수확 지역과 가공 환경, 즉 떼루아, 품종, 경작, 수확시 체리 결실도, 선별, 가공, 발효, 건조 등의 내용이 특정되었다는 데 있다.

커피는 수확 날짜가 각각 다른 일일 샘플의 맛을 보고 평가해서, 한꺼번에 섞여 획일적인 로트의 일부분이 되었을지도 모르는 특별한 커피를 선별할 수 있다. 일일 샘플 덕에 특별한 커피는 마이크로랏으로, 기타 쓸 만한 커피는 블렌딩 용도로 분리가 가능하다. 또 하나 중요한 기능은 일일 샘플 작업으로 질이 나쁜 커피가 섞여 들어가는 것을 방지할 수 있다.

종류별 샘플

일일 샘플과 거의 정반대 개념이 종류별 샘플이다. '어떤' 커피가 '어떤' 맛이라는 걸 보여주는 샘플로, 구매할 수 있는 물량이 있다는 뜻이 아니다. 대형 바이어와 거래하는 공급자나 브로커들이 여러 가격대에서 제공할 수 있는 상품을 보여주고자 할 때는 종류별 샘플이 편하다.

구매용 샘플

구매용 샘플은 구매 가능한 커피 샘플을 말하며, 커피를 살 때 어떤 단계에서든 사용할 수 있다. 다만 각 공급자마다 약간씩 의미 차이는 있다.

생산자나 수출업자의 경우 구매용 샘플은 최근 수확한 후 가공, 선별해서 바이어가 관심을 가질 만한 것으로 고른 커피를 말한다. 곧 '선적 전 샘플'(아래에서 설명할)과 같은 말이다.

수입업자, 국내 브로커의 경우 구매용 샘플은 기본적으로는 도착 샘플을 말한다(아래를 보자). 이것은 누구든 확인하고(보유한 수입업자나 브로커가 허용하고 가능한 상황이라면 일부라도) 살 수 있다.

선적 전 샘플

선적 전 샘플은 껍질을 벗겨 정선한 커피를 말한다. 파치먼트를 벗기고 정선 과정을 거치면서 결점두를 제거하고 크기와 무게가 균일하게 만든다. 일단 선적 전 샘플을 승인한 뒤에는 그 커피에 당신 도장이 찍힌 셈이라 구매를 취소하는 것은 사실상 어렵다.

도착 샘플

커피가 목적항에 도달하면 바로 (또는 요청할 경우) 수입업자가 도착 샘플을 보내준다. 이 샘플은 운송이 잘 되었는지, 품질이 크게 변하지 않았는지 확인하는 용도이다. 또한 커피를 로스팅 공장까지 운송할 준비가 되었음을 알리는 것이기도 하다.

선적 전 샘플과 도착 샘플은 동일한 화물에서 채취하므로 점수며 품질이 거의 일정해야 한다. 샘플의 상태가 많이 다르다면 가능한 빨리 수출업자, 수입업자에게 연락해야 한다.

보유 샘플

커피를 사기 위해 매번 멀리 있는 공급자를 만나러 가야 하는 건 아니다. 때로는 당장 커피가 필요한 경우도 있다. 수입업자나 브로커가 현재 수중에 갖고 있는, 주문한 사람에게 바로 배송할 수 있는 커피를 보유 상태(spot)인 커피라고 한다.

일일 샘플 이력

내가 산지 여행을 하게 된 계기는 좀 유별났다.

리츄얼은 초창기에 스텀프타운에서 로스팅한 커피를 받아 썼고, 그 이후에는 커피를 자체적으로 로스팅했다. 스텀프타운의 듀안 소렌슨은 가끔 샌프란시스코에 들렀는데, 어느 날엔가 그가 리츄얼 매장에 들러 에스프레소를 주문했고, 그날 밤 비행기로 온두라스에 갈 예정이라고 했다. 여기까지는 늘상 있던 일이다. 샌프란시스코는 듀안의 중미 여행 중간 기착지였다. 그날 오후 나는 동료들과 인근 멕시코 식당에서 밥을 먹으며 리츄얼의 첫 에스프레소 블렌드에 대해 이야기하고 있었다. 그런데 별안간 듀안이 자기 친구 한 명과 함께 식당에 나타났고, 우리 테이블에 마르가리따 칵테일을 항아리째 주문해줬다. 우리는 적당히 취했고, 그는 우리 자리에 합석해서 에스프레소 블렌드를 만들 때 어떻게 접근해야 하는지 함께 이야기했다.

좀 취하기도 했고 워낙 오래전 일이라 기억이 가물가물하지만, 갑자기 듀안이 나에게 같이 온두라스에 가자고 제안했다. 진심으로 같이 가자는 말이었는지는 지금도 잘 모르겠다(아마도 맞을 것이다. 그때는 몰랐지만, 산지 여행은 처절하게 외로울 때가 있고, 동행이 있으면 훨씬 낫다. 특히 그 동행이 말이 많지 않은 사람이라면 정말 좋고, 자기와 함께 커피 샘플을 톤 단위로 커핑할 사람이라면 더할 나위가 없다). 아무튼, 사장 에일린에게 바로 전화를 걸어 허락을 받고 같이 가기로 결정했다. 그때가 대략 오후 네 시였는데 자정쯤에는 샌프란시스코를 떠야 했다. 여정이 어떻게 되는지 지금 내 기분이 어떤지는 생각할 겨를조차 없었다. 다행히 여권은 있었다(도장 하나 찍히지 않은 새하얀 여권이었다. 무슨 말이냐면, 나는 그전까지 한 번도 외국에 가본 일이 없었다). 무엇이 필요한지도 전혀 모른 채, 그저 잘되기만을 바라며 가방을 쌌다. 지금까지 했던 해외 여행 중 아마 가장 준비를 적게 한 여행이었을 것이다.

여행은 순식간에 결정되었고 전격적으로 진행되었다. 토요일 오전에 도착해 주말 내내 커피를 테스트하고 월요일 오전에 돌아오는 일정이었다. 운이 좋다면 농장도 방문할 계획이라고 했다.

이제 와 고백하건대, 그때 맛보았던 커피는 모두 유명한 커피였다. 그 유명한 까바예로-에레라 집안이 소유한, 온두라스 마르깔라에 있는 엘 뿌엔떼 농장에도 갔다. 커피 바이어 경력을 통틀어 내가 만났던 생산자 중에서 까바예로 사람들이 가장 다정하면서 유능했다.

그들은 산 뻬드로 술라 공항에서 우리를 맞이해서 지역 건조 처리장(여기서 말린 커피의 파치먼트를 벗긴 뒤, 분류, 포장을 거쳐 컨테이너에 싣는다)으로 데려갔다. 커퍼들과 연구소 직원들이 우리를 맞아주었다. 테이블에는 샘플이 여덟 개 깔려 있었고, 우리는 인사를 나눈 뒤 1차, 2차, 3차, 4차 커핑을 진행했다. 그날 커핑한 샘플은 70개가 넘었는데, 나로서는 처음 있던 일이었다. 70개라니!

Chapter 8
샘플

    이 모두가 까바예로 집안의 농장에서 생산한 것이었다. 우리는 이 70개 중에서 20개를 선택했고, 다음 날 오전에 다시 20개를 커핑했다. 커핑을 마치고 밤에는 농장으로 떠날 예정이었다.

    자, 어떻게 한 농장에서 70개 샘플이 나올 수 있을까? 샘플 하나만 나오는 게 당연하지 않을까?

    변화는 2000년대 초반에 시작되었다. 아이디어를 준 이는 컵 오브 엑설런스 프로그램을 이끈 조지 하웰이었다. 순수하게 품질을 기준으로 커피를 찾아봤더니 중미 생산자의 수확분에서는 쓸 만한 것이 없어서 필요한 수매량을 채울 수가 없었다고 한다. 이에 그는 생산자들에게 자기가 커핑할 생두는 수확일을 기록해서 따로 나누어달라고 줄기차게 요구했고, 결국엔 자기에게 맞는 커피를 찾아낼 수 있었다는 것이다.

    생산국 대부분은, 1년에 한 번 커피를 수확한다(적도 국가인 콜롬비아와 케냐는 우기가 뚜렷하기 때문에 수확을 두 번 할 수 있다). 수확 기간은 1개월 이상인 경우가 흔하다. 고도가 낮을수록 커피가 더 빨리 여물기 때문에 대개는 저지대에서 수확을 시작해 점차 위로 올라간다. 과거에는 오늘 수확한 커피, 어제 수확한 커피, 여기서 수확한 것, 저기서 수확한 것을 모조리 섞었지만, 이는 바이어들이 컨테이너 단위로(컨테이너 하나에 4만 파운드가 들어간다. 포대 크기에 따라 다르지만 250-300포대 수준) 커피를 사들였기 때문이다. 25포대나 한 자릿수 포대 단위 구매는 꿈도 못 꾸던 때였다.

    이를 뒤집은 것이 일일 샘플 체제이다. 그리고 이 덕에 바이어도, 공급자도 다 득을 보았다.

    일일 샘플 덕분에 바이어는 최고 품질의 커피를 찾을 수 있었다. 만약 다른 커피들과 섞여버렸다면 그 미묘한 차이는 사라졌을 것이다. 이는 많은 체리 중 잘 익은 체리만 골라 수확하는 것과 비슷한데, 생산자들이 안목이 떨어지는 바이어들에게 팔기 위해 모든 커피를 섞어버리기 전에 최고 좋은 것만 미리 골라낸 것이다. 나아가 바이어는 지금 이 샘플이 농장의 어느 부분, 어떤 품종, 어떤 가공 방식에서 나온 것인지 더 잘 알 수 있었다.

엘살바도르 핀까 마딸라빠의 건조장. 일일 수확분을 구분해 놓았다.

생산자 또한 일일 샘플을 잘 활용할 수 있다. 농장의 특정 지역, 품종, 가공 방식, 또는 건조 기술이 독특해서 뛰어나고 화사한 커피가 나온다면, 그 방법을 재배 전반에 적용할 수 있다. 커피를 다 섞어버린다면, 농장의 일반적인 향미 특성을 알 수는 있겠지만 농장 품질을 어떻게 최적화할 수 있는지는 알아낼 수 없다. 일일 샘플링을 통해 알아낼 수 있는 정보는 무궁무진하다.

나는 일일 샘플 덕분에 정말 많이 배웠다. 일일 샘플을 통해 커핑에서 중요한 여러 가지 변수를 찾아낼 수 있었다. 까바예로 사람들은 이를 이해했기 때문에 농장을 최대한 활용하고 해마다 찾아오는 바이어들에게 커피를 좋은 값에 판매할 수 있었다. 여기다 생산 라인을 바이어마다 차별화시켜서, 각 바이어만의 엘 뿌엔떼 커피를 공급했다. 듀안과 나는, 스텀프타운 버전의 핀까 엘 뿌엔떼를 골랐고, 그 뒤에 피터 줄리아노도 카운터 컬쳐 버전의 핀까 엘 뿌엔떼를 만들어 냈다. 그리고 모두 자기 상품에 만족했다. 다른 업체와는 구별되는 자신만의 상품을 내놓았다는 사실에 스텀프타운과 카운터 컬쳐 사람들 모두 자부심을 느

Chapter 8
샘플

 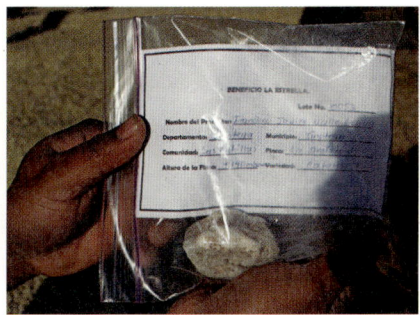

왼쪽 과테말라 베야 비스따, **오른쪽** 니카라과 라 에스떼야 농장의 일일 샘플에 대한 상세 설명

졌다.

일일 샘플 작업은 좋은 커피를 찾으려는 시도의 첫걸음이고 듀안(을 비롯하여 엘 뿌엔떼 커피의 다른 구매자들, 특히 인텔리젠시아의 제프 와츠 같은 사람들)은 까바예로 같은 품질 좋은 커피를 만들어내는 생산자와 협력해, 일일 샘플을 만드는 것이 모두에게 이익이라는 사실을 알리는 데 큰 공헌을 했다.

2007년만 해도, 일일 샘플을 만드는 생산자가 까바예로 외에는 거의 없다는 걸 나는 전혀 몰랐고, 따라서 그 뒤로 수개월 동안은 실망의 연속이었다. 가는 곳마다 공급자에게 일일 샘플을 보여달라고 요구했지만, 무슨 말인지 알아듣는 생산자들조차도 불가능하다거나 하기 싫다고 대답했다. 대부분의 공급자들이 자신만의 샘플링 방식을 고수했고, 고객을 원하지 동료를 원하는 것 같지 않았다. 당시 이런 반응은 큰 장벽처럼 느껴졌다. 그런데 지나고 보니, 리츄얼에 맞는 생산자를 걸러내는 데 오히려 좋은 방법이었다.

일일 샘플을 제공하는 공급자를 만나고 싶다면 기억해두자.

1. '다 보여줘'가 아니다 — 요점을 파악할 만한 어느 정도 분량이면 충분하다. 내가 좋아하는 커피 생산자 알레한드로 발리엔떼는 나와 거래한 1년차에 20-25개의 샘플을 내놓았다. 처음에 그는 일일 샘플을 보여달라는 내 말을 미심쩍어했고 자기 소유 농장 중 단 한 곳에서만 일일 샘플을 만들었다. 그 샘플에 내가 어떻게 반응하는지 그리고 내가 그렇게 골라낸 커피를 실제 구

매하는 것을 보고 나서야 그는 일일 샘플을 계속 만들 마음을 먹었다.

2. 일일 샘플로 얻을 수 있는 것들을 강조하자 ― 지금까지 만나본 커피 재배인들은 모두 언제나 배우고 싶어 했다. 일일 샘플 작업은 모든 종류의 생산법에 대해 배울 수 있는 도핑 같은 방법이다. 생산자에게 '일일 샘플을 해야 한다'고 확신을 줄 수는 없어도 커핑 피드백을 통해 한두 번 실험해볼 가치가 있다고 납득시키는 것은 가능하다.

3. 구매로 이어져야 한다 ― 커핑 점수를 아무리 강조한다 해도 물건을 안 사면 가치가 없다. 돈으로 권리를 행사하라는 옛말이 틀리지 않다. 간단히 말해, 일일 샘플을 내놓는 공급자의 구매자가 되어야 한다. 어떤 경우든 물건을 살 마음이 없는 사람에게 공급자가 진지하게 대하기란 어려운 법이다.

4. 너무 무리하지 말자 ― 이제 일일 샘플은 10년 전처럼 그렇게 혁신적인 것이 아니다. 요즘은 누구나 일일 샘플을 만들고 돈으로 권리를 행사할 곳도 많다.

09

Chapter 9
샘플 처리

샘플 처리

**샘플은
어떻게 다루고
어떻게 준비하는가?**

커피 바이어가 하는 일상적인 활동 중 첫 번째는 열대 지역의 이국땅을 여행하는 것이고 그다음이 아마 커핑일 것이다. 갑자기 커핑해야 할 상황이 되어도 무방하도록 항상 커핑 스푼을 가지고 다니던 그 기나긴 시절이 떠오른다(좀 부끄럽지만 더 자세히 얘기하자면, 스푼을 가지고 여행을 다니다 보면 이러저러한 문제가 생긴다. "아니, 가방에 이렇게 커다란 스푼을 가지고 있으면서 다른 식기는 하나도 없네요?"—실제 콜롬비아 네이바 공항에서 있었던 일이다).

실제로 커핑은 커피 바이어가 가장 많이 반복적으로 하는 작업이다. 커피에서 무엇을 얻기를 바라는지 상호 완벽하게 이해해 둔 상태라 할지라도 커핑은 해야 한다.

그런데 아마도 이 챕터를 읽으면 당신은 온갖 예측과 질문을 엄청나게 하고 싶어질 것이다. 그러니까 일단, '지금 당신의 목적은 가능하면 예단 없이—객관적이고 편향 없이—커피를 평가하고 나서 구매 결정에 영향을 줄 수 있는 정보를 활용하는 데 있다'는 것을 먼저 이야기하고 싶다. 그 외 모든 것은 현학에

센트럴 케냐 커피 정제소에서 로스팅 대기 중인 생두 샘플

불과하다.

샘플 채취와 샘플 분류

1. 공급자가 붙인 샘플 기호를 기록해두면 이후에 거래하기 쉽다. 필요하다면 자체 참조용으로 자사 기호도 달아두자. 예를 들어, 수출업체가 CE-1234라는 샘플을 보내 오고 로스팅 업체에서는 RC-5678 이라 이름을 붙인다. 이 둘을 기록해두면 이후 공급자와 대화하거나 자체 참조용으로 활용할 때 도움이 된다.

2. 수분 함량과 수분 활성도 수치: 이 수치들은 반드시 꼭 알아야 하는 건 아니지만, 도구가 있으면 재두는 게 좋다. 같은 커피에서 채취한 샘플인데 이 수치가 상당히 다르다면 관능검사로 드러날 수 있다. 그런데, 고백하자면 이 수치가 상당히 다른데도 불구하고 음료 품질이나 생두의 품질 보존에는 거의 영향이

Chapter 9
샘플 처리

센트럴 케냐 커피 정제소의 샘플 로스팅 작업

없던 경우가 몇 건 있었다.

3. 생두별로 100g씩 무게를 재서 색상, 외관, 기타 속성을 보는 등 몇 가지 분석을 진행하자. SCA에서 출판한 결점두 책자(아니면 이 책 24장)를 참조하자. 간단히 말하자면, 생두의 색은 밝은 녹색으로 균일해야 하고, 실버스킨은 되도록 없어야 한다. 실버스킨이란 반짝거리는 얇은 막으로서 커피에 붙어 있는 경우가 많다. 작은 구멍(벌레 먹어서)이 너무 많아도 안 되고 색이 바랜 것이 너무 많아도 안 된다.

샘플 로스팅

1. 로스팅 시간은 기계와 볶는 양, 생두의 여러 속성, 기타 요소에 따라 다르다. 나는 대개 프로밧 샘플 로스터로 볶는데 자베즈 번즈 로스터로도 볶은 적도 있

다. 프로밧으로는 대개 6-10분 정도, 자베즈 번즈로는 7-11분 정도 볶는다. 로스팅 정도는 자기의 로스팅 취향에 따라 조절할 수 있지만 최소한 1차 크랙은 되어야 한다. 정식 제품 생산 기준 로스팅에 맞출 필요는 없다. 커피콩의 고유한 속성을 판별하는 것이 목적이므로 강배전보다는 약배전에서 판별하기 쉽다. 또한, 샘플 로스터는 생산 작업에 사용하는 로스터와는 로스팅 진행 양상이 절대 같을 수 없다. 생산 작업에 사용하는 로스터를 샘플 로스팅에 쓴다면(연습을 좀 하면 할 수 있다) 원래부터 엄청나게 약배전을 선호하는 경우가 아니라면, 보통 로스팅을 할 때보다 약간 약하게 로스팅하는 것이 좋다.

2. 샘플 로스팅한 원두 무게를 재서 무게 감소분을 측정한다. 수율을 알면 이후에 문제가 생겼을 때 도움이 되는 경우가 많다.

3. 퀘이커가 있는지 확인한다. 퀘이커란 제대로 볶았는데도 다른 커피보다 색이 밝게 나온 결점두를 말한다. 덜 익은 열매에서 나온 커피는 퀘이커가 될 수 있다.

커핑

1. 로스팅 후 최소한 12시간 뒤, 늦어도 48시간 안에 커핑한다. 각 샘플별로 2-5잔씩 무게를 맞춰 담는다. 나는 물 200ml에 12g을 권장한다. 7온스당 2테이블스푼 정도다.

2. 샘플이 달라질 때마다 그라인더를 털어준다(샘플이 바뀔 때마다 커피콩 몇 개를 먼저 넣어 분쇄한다). 분쇄는 각 샘플마다 따로 하는데, 분쇄도는 코셔 소금 굵기 정도가 적당하다. 대부분의 상용 그라인더는 중간 설정이 이 정도이거나 조금 더 가는 편이다.

Chapter 9

샘플 처리

3. 각 샘플의 향을 맡는다. 향기가 좋은지 나쁜지, 그 강도는 어떤지에 집중한다. 좋은 커피라면 달콤한 느낌, 예를 들어 구운 설탕, 초콜릿, 설탕을 입힌 견과류, 익은 열매 같은 느낌의 향이 나야 한다. 너무 익은 과일, 야채, 무기질 물질 같은 느낌의 향은 좋지 않다(2006년 온두라스 COE에서 전설적인 사건이 있었다. 대회가 끝나고 미국에 도착한 커피에서 강한 석유 냄새가 났는데 알고 보니 값싼 포대를 써서 그 냄새가 밴 것이다. 이 일 때문에 지금도 일부 바이어들은 이 나라 커피를 기피한다).

4. 섭씨 96도의 물을 커피가루 위에 붓는다. 흐르는 물줄기로 컵 안의 모든 커피가루를 완전히 적신다. 물을 부을 때 스톱워치를 눌러 시간을 잰다.

5. 신속하게 돌아다니며 젖었을 때의 향을 평가한다. 마른 커피가루의 향을 맡을 때와 같은 방식으로 한다(컵을 너무 건드리지 않도록 조심한다). 두드러지는 향에 주목한다. 느낀 것을 간략하게 기록한다.

6. 물을 붓고 나서 4분쯤 되면 깊이가 얕은 스푼이나 커핑 스푼을 사용해 표면의 커피막을 저어준다. 이 커피막을 어떻게 저어야 하는가에 대한 여러 커피 전문가들의 주장을 들어봤을 텐데, 커피막을 완전히 저어서 떠다니는 가루가 거의 없고 이 과정을 몇 초 안에 한다면 그걸로 됐다. 스푼으로 바닥까지 휘젓는다고? 그래도 된다! 여기서 핵심은 언제나 그 방식에 일관성이 있어야 하고 코를 커핑 잔에 가까이 대고 더욱 집중적으로 향 평가를 해야 한다는 점이다. 나는 대개 3단계 동작을 하는데, 먼저 잔 안쪽에서 시작해서 스푼으로 끝까지 밀었다가, 다시 앞으로 쓸어준 다음, 마지막으로 한 번 더 끝까지 밀어낸다. 언제나 똑같은 식으로 해왔기에 이것만큼은 자면서도 할 수 있다(다행히도 아직 그런 적은 없다. 적어도 내가 아는 한).

7. 물을 붓고 나서 12-20분쯤 지나면—커핑하는 곳 온도에 따라 다르다—맛

을 보기 시작한다. 여기서 중요한 것은 맛보기에 이상적인 온도인가이지 특정 시간에 맛을 봐야 하는 것은 아니다. 즉 커핑하는 곳이 덥다면 좀 더 기다려야 하고, 커핑하는 곳 온도가 낮다면, 빨리 마셔야 한다. 물을 붓고 덩이진 것을 깨뜨리면서 향을 맡는 데 집중하고 있다면, 이때는 아직 너무 뜨거워서 커피 맛을 제대로 볼 수 없다. 맛을 보기에 이상적인 온도는 체온보다 약간 높은 정도이다. 맛을 너무 많이 보면 감각 기관도 피로해지고 향미에 집중하는 능력도 떨어진다. 그러므로 25분 동안 각 샘플은 3회, 확실하게 시간대를 구분해 계획을 짜는 것이 좋다.

8. 만약 동료들과(두셋이 적당하다) 함께 커핑하고 있는데 커핑 결과에 의견 차이가 있다면 커피가 다 식기 전에 마지막으로 함께 다시 맛을 본다.

커핑 동료의 중요성

커핑은 되도록 동료와 함께 하자. 커핑은 혼자서도 당연히 가능하지만, 나와 다른 의견을 듣는 것은 말로 다 할 수 없을 만큼 큰 가치가 있다. 의견이 다르면 자기 의견을 방어하거나 남의 의견을 수용해야 한다. 나는 거의 1년 내내 서너 명이 함께 커핑을 한 적이 있는데, 덕분에 그 시기 말미에는 다들 샘플 작업의 달인이 되어 있었다. 이 커피는 누가 좋아하고 누가 싫어할지 쉽게 예측할 수 있었다. 그 예측이 적중하면 당연히 즐거웠고 틀리더라도 많이 배울 수 있었다. 커피를 구매할 때 무언가 확신하지 못한다면 동료 커퍼를 찾아 합의점을 찾자. 그들이 어떻게 대답하든 말이다.

10

기록하고 결과 공유하기

**동료, 공급자와
커핑 결과를 놓고
의견을 나누는 방법**

커피 바이어는 커핑하면서 기록을 잘 해둬야 한다. 그래야 공급자, 동료, 잠재 고객, 그리고 미래의 자기 자신과 정보를 나눌 수 있다. 이 기록은 어떤 커피를 경험했고 점수를 얼마 주었는지 알려주는 유용하면서 중요한 일지이다.

   커핑 기록 방법에는 몇 가지 방식이 있다. SCA 양식을 쓰는 이가 있고, COE 양식을 좋아하는 이도 있다. 또 다른 등록 양식 또는 자체적으로 만든 양식을 쓰는 사람도 있다. 기준이 되는 앞의 두 가지 양식의 경우 단맛, 결점두, 아로마, 가루 향을 평가하는 방식이 약간씩 다르지만, 바이어의 입장에서는 그런 세부 사항은 그리 중요하지 않다. SCA 양식과 COE 양식은 100점 만점제로 신맛, 단맛, 바디, 깔끔함에 대한 관점이 거의 같다. 어떤 것을 쓰건, 문구 하나하나 따져가며 일일이 따라 해도 되고 따라 하지 않아도 상관없다.

   나는 베스트 오브 파나마 2008 대회에서 처음으로 여러 가지를 양식에 기록하고 이를 바탕으로 점수를 냈다. 당시는 SCA 양식을 썼다. 나는 그때까지 이건 82점, 86점, 90점 하는 식으로 점수를 내면서 작업하긴 했지만 항목별로 점수를 매기고 총점을 내는 방식은 써본 적이 없었다. 향 점수를 내고, 단맛 점수를 내고, 결점두가 있으면 점수를 깎아 점수를 계산했는데, 결과가 이상하게 나왔다. '괜찮은, 깔끔하고 단맛 좋은 커피. 79점', '아주 좋음. 그런데 식으니까 좀 불안정하고 신맛이 떨어짐. 87.1점' 결국 점수를 제대로 조정해보려고 필사적으로 수치를 바꾸고 덧셈과 뺄셈을 하느라 고생깨나 했다.

내가 두 번째로 커핑폼을 사용해 점수를 낸 것은 2008년 엘살바도르 COE 때였다. 이때는 반대 방향으로 평가했다. COE 양식은 평가 항목이 8개였고 각 항목당 점수는 8점이었는데(샘플에 결점이 없다는 전제 하에 최하위 점수는 36점) 나는 먼저 점수를 내고 나서 어느 항목에 점수를 더 줄까 머리를 굴렸다. 이 방법이 더 낫긴 했지만, 그래도 점수 매기는 방법은 여전히 애매모호했다.

그러다 마침내 최적의 방법을 찾았다. 각 평가 항목에 눈금으로 표기된 점수들 중 평균 점수를 모두 더하면 총점이 86점이 나온다. 나는 이 점수를 커핑의 기준점으로 활용했다. 자, 그렇게 답을 내고 나서 다시 각 항목별로 평가해보았다. 이것이 86점짜리 커피에서 나올 단맛인가? 점수가 더 높은가 낮은가 식으로 말이다. 이렇게 86점짜리 신맛, 86점짜리 바디 같은 기준점을 가지고 평가했더니 놀라우리만치 잘 맞아떨어졌다. 그 뒤로 최종 점수와 첫 맛보기 점수 간 차이는 많아봐야 0.5점 정도였다.

경험이 쌓이자 블라인드로 하든 비교 대상이 되는 샘플이 무엇이든 간에 같은 커피에 똑같은 점수를 매길 정도로, 점수 매기기로는 어지간한 경지에 올랐다(비교 대상 샘플은 엄청나게 중요하다. 비교 대상 샘플을 하나라도 두는 것이 좋다. 무슨 뜻이냐면, 품질이 어떻든 간에 비교할 커피를 하나 두고 커핑하는 것이 좋다는 말이다. 위치를 찾을 때 삼각 측량을 하듯이, 점수를 매길 때 비교 대조할 대상이 있으면 더 정확하게 평가할 수 있다. 커피가 둘 다 86점으로 점수가 같다 하더라도, 프로필이며 특성이 다를 것이고 그러면 샘플의 핵심 품질을 짚어내기가 쉽다).

점차 실력이 쌓이면서, 나는 아래 몇 가지 질문을 던지며 평가를 해나갔다.

1. 이 커피의 점수는 몇 점?

2. 향, 향미, 단맛, 바디 특성은?

3. 우리 원칙과 품질 기준으로 볼 때, 이 커피를 사야 하나?

어디에서 어떤 커피를 커핑하든 위 질문들이 오랫동안 나의 기준이 되었다.

결과값 공유(내, 외부적으로)

샘플을 커핑할 때 기록을 잘해야 하는 이유는 무수히 많지만, 공급자, 동료, 고객과 자료를 공유하기 위해서도 반드시 필요하다. 기록과 점수(및 구매/거부 현황)를 생산자, 수출업자, 수입업자, 때로는 셋 모두와 공유해야 한다.

구매 여부를 결정할 필요가 없을지라도 오랜 기간 커피 유통망에서 잔뼈가 굵은 사람이라면 누구나, 창고에 들어온 커피가 맛있다는 말을 들으면 기분이 좋다. 품질과 관리에 대한 찬사는 단순히 입에 발린 아첨이 아니며, 이렇게 훌륭한 커피를 생산한 생산자의 노력을 높게 평가하고 있다는 강력한 메시지이다. 그러니 공급자들에게 커피가 안전하게 도착했음을 알려주자. 생산자뿐만이 아니다. 수출업자, 수입업자, 그리고 커피가 잘 도착하도록 애쓴 이들 모두에게 알리자. 나쁜 일이 벌어졌을 때만 연락하는 고객을 좋아하는 사람은 없다.

나는 공급자에게 가능한 한 모든 것을 알리는 게 좋다고 생각한다. 당신이 일반적인 로스터라면 공급자를 '파트너'라 부를 것이다. 그렇다면 파트너라는 이름에 걸맞게 행동해야 한다. 커피가 기대 이상이었다면 그렇다고 말해주자. 로스팅할 때 뭔가 문제가 있다면 그것도 말해주자. 커핑을 막 끝냈다면 커핑 점수, 커핑한 사람이 누군지 알려주자. 공급자와 바이어는 협력 관계다. 바이어가 지금 여행 중이라 샘플 커핑을 하지 못한다면 공급자는 그 사실을 알아야 한다.

또한, 미래의 자기 자신을 위해서도 기록은 중요하다. 샘플을 커핑하고 나서 실제 상품을 볶아서 맛보기까지 1년 또는 (슬프지만) 그 이상의 시간이 걸릴 수도 있다. 산지의 테이블에서 샘플을 맛보고, 한 달 후에 '선적 전 샘플'을 커핑하고, 두 달 뒤 '도착 샘플'을 맛보는 경우도 있다. 도착 샘플을 커핑할 때 두 달 전에는 이 커피가 어떤 맛이었는지 확인할 수 있다면 당연히 좋지 않겠는가. 또한, 커피의 프로필과 향미 특성을 설명할 때, 샘플의 맛이 어떻게 흘러갔는지 기록을 살펴보면 엄청난 도움이 된다. 어떤 향미는 옅어지고 어떤 향미는 보다 두드러지겠지만, 그래도 동일한 커피로서의 정체성은 유지하고 있어야 한다.

신호 탐지

테이블 위 모든 샘플을 똑같이 집중해서 커핑하려면 시간이 너무 많이 걸릴 수밖에 없다. 두 종류 커피가 대략 10-15점 차이가 나는데 이런 것까지 정확하게 점수를 매기려고 하면 힘들다. 그보다는 몇 점대라고 잡는 것이 더 낫다. 사지 않겠다고 마음먹은 커피를 두고, 이것이 84점인지 84.5점인지 논쟁하는 것 역시 낭비이다.

레드폭스 커피 머천트에서는 이런 문제를 해결하기 위해(타 단체와 협업해) 자기에게 맞는 커피를 찾아내는 효율적인 방법을 개발했다.

신호 탐지라는 방식인데, 여기서는 두 단계를 거쳐 평가 값을 차별화한다. 두 단계를 단계별로 따로 쓸 수도 있지만 함께 쓰면 더 빠르고 객관적으로 커핑할 수 있다.

1단계는 각 샘플에 기호를 붙이고 샘플 잔마다 추가로 고유 기호를 덧붙인 다음, 잔들을 각각 떨어뜨려 놓는다. 샘플을 한데 모아서 커핑하면 두 번째, 세 번째 잔이 있어도 같은 샘플이니 다 똑같을 거라고 생각하고 각각의 컵에 집중하지 못하는 경우가 많다("86점? 어 맞어. 86? 음, 86.5로 할까? 그래, 쓰자"). 하지만 컵들은 각각 떨어뜨려 놓으면 각 잔마다 커핑 대상이 되는 고유한 한 잔의 샘플이 된다. 이렇게 하면 같은 샘플이 미치는 영향을 최소화할 수 있다. 아니, 최소화는 못 하더라도 영향을 덜 미치게 할 수 있다. 그러면 각 샘플에 대한 점수를 일관되게 줄 수 있다. 더해서, 커퍼 수에 샘플 잔 수를 곱한 만큼 각 샘플별 자료값을 얻을 수 있다. 즉, 샘플별로 3, 4개 자료 값이 아니라 9-17개 자료 값을 얻을 수 있다는 말이 된다.

Chapter 10

**기록하고
결과
공유하기**

커핑할 준비가 된 테이블. 니카라과 오코탈

2단계는 1-6점표로 구매하기에 적합한 것을 골라내는 단계이다(1: 결점두/2: 구매하지 않음/ 3: 구매하지 않을 가능성 높음/4: 구매할 가능성 높음/5: 구매/6: 반드시 구매) 아무리 표준화된 점수 체계를 써도 구매할 때는 업체 철학, 외부 논의, 잘못된 정보에 영향을 받을 수밖에 없다. 이 점수 체계 자체도 구조적이고 문화적인 믿음을 반영하고 있기 때문이다. 100점제 점수 체계를 쓰면 명확한 결론을 도출하기 쉽지 않다. 88점과 89점짜리 커피의 차이를 어떻게 설명할 수 있겠는가. 그에 비해 1-6점으로 점수화시키면 두 커피 모두 같은 점수를 받았을 가능성이 높다.

레드폭스 커피 머천트의 조엘 에드워드는 이렇게 말한다. "바이어가 찾는 신호는 여러 가지이다. 예를 들어 산미의 정도, 식으면서 떨어지는 품질의 정도, 이 샘플이 지금 교체하려고 하는 블렌드 구성 프로필에 상응하는지 등 다양할 것이다." 각 신호 성분은 그 자체로도 가치가 있지만, 한데 합하면 구매 결정을 빨리, 더 정확하게 할 수 있도록 도와준다.

100점제와 신호 탐지를 함께 쓰는 것도 좋은 방법이다. 신호 탐지법으로 샘플을 한 차례 커핑한 다음 '구매 가능성' 있거나 높은 커피를 평가한다(즉 구매량에 따른 커핑 분량에 맞추어 3점이나 4점 이상 되는 커피를 커핑한다).

이번 챕터에 정보를 제공해준 레드폭스 커피 머천트의 조엘 에드워드에게 감사 인사를 드린다.

11

가격 매기기

**얼마를
받아야 할까?**

미리 밝히자면, 이번 챕터에서 커피 가격을 얼마로 정해야 하는지 알려주지 않는다. 그런 공식은 없다.

아니, 사실 이 말은 거짓말이다. 모르긴 몰라도 이런 공식이 이미 수십 개는 있을 것이다. 나는 생두 가격(파운드당 달러)에, 로스팅 공장까지 도착하는 데 들어간 모든 비용을 더한 뒤, 3.7을 곱하고, 가격을 매기는 시점과 실제로 커피가 도착했을 때의 품질 변화에 따라, 반올림 또는 내림하여 정수값을 구했다. 이것이 12온스 봉투에 담았을 때의 가격이다(예를 들어 총 원가를 3.75달러라 하면, 곱하기 3.7 해서 13.88 달러가 나온다. 도착한 커피 품질이 예상보다 나쁘면 13달러 또는 12달러까지 매겼다. 예상보다 좋으면 14달러 또는 15달러로 책정했다). 당신은 맹목적으로 이 공식을 그대로 따르는 것보다도 못한 선택을 할 수 있겠지만 부디 이 글을 끝까지 읽고 더 나은 해법을 찾기 바란다.

사실 가격을 매길 때, 가격을 얼마로 결정할 것인가 외에도 생각할 거리가 많다. 그러나 해석 방향에 따라서 생각할 거리가 확 줄어들 수도 있다. 내가 아는 한 로스터는 그냥 생두 가격에 10달러씩 더해서 가격을 매겼다. 자기는 원두 한

봉지씩 팔릴 때마다 들어오는 돈이 얼마인지만 알면 행복하다나?

손익 계산을 세세하게 따지라고까지 하진 않겠지만, 그래도 가격 책정에 대한 당신만의 접근법을 정해두는 것이 좋다. 커피 값을 정할 때 많은 요소를 반영할 수 있다. 보유량이 얼마인지, 선적에서 도착 사이 품질이 얼마나 변하는지도 중요한 요소이다. 하지만 간략히 말하자면, 언제나 변함없이 중요한 요소는 사용량과 소진 속도다. 어떤 경우에는 경쟁 업체가 동일 커피에 매기는 가격도 고려할 필요가 있다.

일반적으로 가격을 책정할 땐 여러 요소를 함께 고려한다.—물론 아무 요소도 고려하지 않는 업체도 있다—피츠 커피는 가격을 바꾸는 일이 거의 없기 때문에 새 로트를 들여온다 해도 가격 결정을 새로 하는 일이 없다. 그렇다 보니 이윤을 유지하고자 할 때 가격 책정의 유연성이 떨어질 수밖에 없다. 블렌드 가격을 매길 때에도 대개 그렇다.

이 요소들을 가격에 어떻게 반영할지 결정하고 나면 이제 자신만의 가격 책정 공식을 만들 수 있다. 반대로, 블렌드용으로 구매하거나 외주용으로 구매한다면, 생두 구매에 쓸 수 있는 가격대를 먼저 결정한다.

12

Chapter 12
공급자와
가격
협상하기

공급자와
가격 협상하기

**구매 단계로
넘어가는 법**

아, 돈이란 참으로 어려운 것이다. 이제껏 공급자와 진하고 깊은 우정을 맺기 위해 많은 시간과 정력을 쏟았다. 커핑도 함께 하고, 여행도 같이 다니고, 심지어 여행 중 2층 침대를 나눠 썼을 수도 있다. 하지만 이제 이들에게 값을 지불할 때가 오고야 말았다. 더 괴로운 것은, '한 푼도 아껴라'라는 은행과 사장님의 압박이다. 이들의 한마디에 내 밥줄의 안위가 달려 있다.

이 충돌하는 이해 관계를 어떻게 해결할 것인가?

나는 바이어 일을 하는 동안 확고한 철학이 있었다. 공급자에게 커피에 대한 평가, 커피의 용도, 우리가 지불할 수 있는 가격, 적당하다고 생각하는 가격, 그리고 특정 가격에서 구매 가능한 양 등 모든 조건을 투명하게 밝혔다. 이 정도로 솔직함으로 공급자를 대할 수 없다면, 새 공급자를 만날 필요가 있다(아니면 자신의 신뢰도를 곰곰이 곱씹어봐야 한다).

이런 철학이 있었기에 나는 배배 꼬인 협상을 할 필요가 없었다. 협상 테이블에 나의 원칙을 다 던져놓고 나면 그냥 만사 해결이었다. 자기 말에 책임을 져

라. 그러면 공급자도 발맞추어 협력한다. 그들은 당신의 한결같은 태도를 아주 높이 평가할 것이기 때문이다(물론 융자 조항도 없는 COD―대금 상환 인도: 커피가 수입항에 들어온 뒤 구매자가 검사하고 확인을 한 뒤에야 대금을 지불한다. 게다가 공급자 내지는 대리인이 수입 국가에 들어와 있어야 한다―로 하겠다 하면 곤란하겠지만).

커피 구매 협상에서 발생하는 문제는 대부분 서로를 오해하면서 생긴다. 사전에 이런 오해를 막으려면 처음부터 모든 것을 밝히는 게 좋다.

13

Chapter 13
다이렉트
트레이드

다이렉트 트레이드

다이렉트 트레이드란?
당신에게
다이렉트 트레이드의
의미는?

이 책을 읽을 정도라면 다이렉트 트레이드란 말을 들어봤고, 어떤 식으로든 이 광범위하고 엉성한 체계 아래에서 커피를 구매할 계획을 세워봤을 가능성이 크다. 훌륭하다! 이제 어떤 식으로 접근해야 할지 얼개를 짤 차례이다.

다이렉트 트레이드의 의미는 매우 광범위하다. 인증 주체가 따로 없기 때문이다. 어떤 로스터는 제3자, 독립 인증 업체를 고용해 정당성을 부여하려 하지만, 아직 업계 내에서 합의된 정의는 없다. 처음 스텀프타운과 인텔리젠시아가 이 개념을 이끌고 왔을 때부터, 두 업체가 주장하는 내용이 제각각이었다. 스텀프타운의 웹사이트 FAQ에서는 이렇게 설명한다.

"우리는 커피를 조달하는 방식으로 다이렉트 트레이드를 지향한다. 이 말은 커피를 생산하는 파트너와 가까운 관계를 맺으며 그들의 훌륭한 결과물에 높은 가격을 지불하겠다는 뜻이다. 농장에서 생산해서 음료가 되기까지의 모든 공급망이 투명할 수 있도록 우리는 최대한 노력한다. 정기적으로 생산지를 방문하고, 가능하면 새로운 기법과 도구를 사용해 장기 파트너십을 맺는다."

인텔리젠시아와 카운터 컬쳐는 좀 더 학문적인 용어를 써서 '다이렉트 트레이드'를 정의하고 있지만, 여전히 주관성이 다분하다. "우리는 친구고 돈을 잘 쳐준다." 이런 한계 때문에 비꼬기 좋아하는 이들은 "악수 거래"니 "커플 커피"니, 심지어는 "프렌즈 위드 베니핏(성관계 친구) 커피"라고도 한다.

다이렉트 트레이드라는 개념이 출현하면서부터 그 모호한 정의 때문에 나 역시 얼마나 마음고생을 했는지 모른다. 지금도 절대 못 잊는 에피소드가 있다. 우리 커피가 왜, 어떻게 페어 트레이드가 아니고 다이렉트 트레이드인지 기껏 설명을 해줬더니만 "뭐가 그렇게 모호해. 무슨 조지 부시냐?"라는 말을 들었다 (그나저나 내가 대통령급이라니! 정말 가문의 영광이다!).

이런 절망적인 반응의 근원을 들여다보면 다이렉트 트레이드가 가짜 마케팅 전략이라는 의심 어린 시선이 드러난다. 그러나 스텀프타운이나 인텔리젠시아 같은 업체들이 다이렉트 트레이드를 시도한 것은 그저 이 방식이 훌륭한 커피를 조달할 수 있는 가장 좋은 방법이었기 때문이다. 생산자와 지속적인 관계를 맺어나가면 함께 성장할 수 있고 수확 때마다 안정적으로 좋은 커피를 구매할 수 있는 가능성도 높아진다. 또한 바이어들은 훌륭한 이야깃거리, 생산지와 생산자의 모습을 담은 아름다운 사진, 그 외 마케팅에 활용할 수 있는 풍부한 컨텐츠를 확보할 수 있고, 이런 요소들은 치열한 도매 시장에서 큰 가치가 있다. 다이렉트 트레이드를 통해 수입업자, 수출업자, 기타 모든 중간 상인을 빼버리는 이유는, 그렇게 함으로써 최고의 커피 생산자들이 당신에게 다시 커피를 판매할 것이 확실하기 때문이다.

현재 커피 시장에서 다이렉트 트레이드 개념은 전에 비해 위상이 많이 약해졌다. 개념 설명 또한, "그냥 페어 트레이드랑 뭐가 달라?"라는 의구심에 대한 반박 수준에 그치고 있다. 마케팅 언어로서의 다이렉트 트레이드는, 페어 트레이드에 상처 입은 구매자들이 '이제 이렇게 잘못 이용당할 수는 없다'는 마음으로 만들어낸 개념이다. 페어 트레이드도 물론 장점이 있는 제도지만, 소수의 거대 바이어들이 수요의 상당 부분을 장악하던 시절에 만들어진 제도임을 기억

Chapter 13

다이렉트
트레이드

다이렉트 트레이드는 공급자의 이야기와 사진을 수집 공유하는 데 탁월한 방식이다. 중미에 여러 농장을 운영하는 알레한드로 발리엔떼의 사진.

할 필요가 있다. 내가 처음 페어 트레이드를 접한 때는 90년대 말, 커피 가격이 역사상 최저점을 찍으면서 커피라는 상품의 안정성에 대한 실존적인 우려가 나타나던 커피 대란 시기였다. 커피 산업에 종사하고 생계를 유지하는 이들이 수백만에 달했고, 커피 가격 붕괴는 매우 심각한 문제였다. 페어 트레이드는 커피 가격이 낮을수록 이익을 보는 대형 커피 업체가 최저가격(처음 가격은 파운드당 1.26달러)을 지켜 지불하도록 하는 대신, 그 보답으로 마케팅에 쉽게 활용할 수 있고 기억하기 쉬운 라벨을 쓸 수 있게 한 제도이다. 소비자들은 페어 트레이드에 대한 세부적인 인증 체계 내용은 몰랐지만 이 제도의 메시지를 즉시 이해할 수 있었다. 스타벅스와 피츠를 비롯해 많은 업체들이 페어 트레이드에 뛰어들었다. 처음에는 명목상 몇 가지 블렌드 제품에만 적용했지만, 점점 페어 트레이드 인증 아이템을 늘려나갔다.

하지만 부띠끄, 제3의 물결 로스터 업체들이 커피 상품 가격, 즉 c-market 가격과는 무관한 값으로 커피를 사는 경우가 점점 늘어났고, 그러면서 페어 트레이드에 대한 의문이 생겼다. 인텔리젠시아에게 "엘 뿌엔떼 농장 커피는 페어 트레이드인가요?"라고 묻는 것은 자기 뒤뜰에서 기른 양상추로 만든 샐러드를 대접하는 사람에게 "이 양상추는 유기농 인증을 받았나요?"라고 묻는 것이나 마찬가지다. 당연히 인증을 받았을 리 없다. 그렇지만 그 작은 뜰에서 유기농으로 재배했을 것이 분명한 양상추는 유기농 인증 마크 이상의 의미를 가지고 있다.

다이렉트 트레이드에 대한 설명 중 내가 가장 불만스럽게 여기는 부분은 이 제도가 '소비자와 공급자를 언제나 모두 최우선한다'는 주장이다. 이 주장에 따르면 로스터는 공급자에게 당신의 커피를 반드시 구매하겠다고 장담하고, 소비자에게는 자기가 파는 커피가 최고 품질이라고 호언한다. 하지만 만약 어떤 시즌, 거래하는 농장 커피의 품질이 좋지 않다면 어떻게 할 것인가? 공급자와 한 약속을 지키기 위해 그 커피를 구매하면 소비자는 저질 커피를 받는다. 그렇다고 구매하지 않는다면 약속을 어기는 것이고, 어쩌면 공급자와의 관계가 손상될 수 있다. 매우 다행스럽게도 대부분의 로스터들은 매년 훌륭한 커피를 생산하는 믿을 만한 생산자와 관계를 맺고 있으며, 이렇게 공급자를 우선 배려하는 방식 덕에 음료 품질이 떨어질지도 모른다는 불안감 없이 마케팅을 할 수 있다.

다이렉트 트레이드가 남긴 유산은 강력하며 그 덕에 도매 고객들은 로스터가 다이렉트 트레이드 스티커가 붙어 있는 제품을 공급해주기를 바란다. 그런데! 나는 이제 로스터들이 부디 그 라벨을 쓰지 않으면 좋겠다. 그런 라벨 대신 커피의 고유한 향미나 생산자 이야기를 마케팅에 더욱 활용하자. 커피를 거래하는 방식을 두고 과도한 마케팅 용어로 설명하는 것은 스페셜티 커피 초창기에나 하던 짓이고 착취와 제국주의가 만연하던 과거의 흔적이다.

앞으로도 자기 커피를 다이렉트 트레이드라고 부르고 싶다면, 고객에게 직접 설명할 수 있는 다음과 같은 정의는 어떨까? "우리는 커피 생산자들과 직접 구매 계약을 맺습니다. 가능하면 중간 상인을 거치지 않으려 하고, 구매한 커피의 포장이나 수출입 과정, 기타 운송 작업은 전문 업자에게 맡깁니다."

생산자를 찾아가 함께 시간을 보내며 커핑을 하는 것은 대단한 일이다. 그러나 이런 친분 관계를 판매용 라벨로 이용한다니 좀 이상하지 않은가? 물론 사업은 현실적인 문제이며, 그래서 사업에서 해야 할 일을 할 뿐이다. 그리고 친분 관계는 그 와중에 맺어가는 것이다.

다이렉트 트레이드에 대한 오해

오해 1. 다이렉트 트레이드는 중간 상인을 배제한다.
다이렉트 트레이드로 중간 상인 의존도가 낮아지는 경우는 제법 있다. 특히 멋진 커피를 찾아내 재판매라는 뚜렷한 목적으로 이를 사들이는 브로커라면 더더욱 그러하다. 그렇다고 중간 상인의 역할이 완전히 사라지는 것은 아니다. 유통망 안에서 수출업자와 수입업자 모두 지대한 부가가치를 창출한다. 이들이 하는 일을 당신이 몽땅 맡는 것은 당신에게도 공급자에게도 효율적이지 않다. 당신이 돈을 지불한다는 내용이 포함된 계약을 생산자와 직접 맺는다면, 그리고 수출입과 관련된 비용을 지불한다면, 당신은 확실히 다이렉트 트레이드를 하고 있다.

오해 2. 다이렉트 트레이드는 생산자에게 더 많은 돈을 지불한다.
아니다. 다이렉트 트레이드는 생산자와 직접 계약을 맺음으로써 생산자가 실제로 얼마나 받는지를 아는 것이 핵심이다. 다이렉트 트레이드 개념이 없던 시절에는 생산자가 받는 돈이 얼마인지 너무나 모호했다. 바이어는 자신이 지불하는 돈이 얼마인지 알고, 유통망의 각 분야별로 얼마씩 돈이 나가는지 확실히 알아야 한다. 물론 거짓말을 하라는 것은 아니지만 생산자와 직접 연결하려는 노력을 하지 않는다면 당신의 구매 결정이 생산자에게 어떤 영향을 미치는지 확인하기 어렵다.

14

수출

**수출과 선적은
어떻게
처리하는가?**

커피 구매 결정을 내렸더라도 공장까지 커피가 오려면 공급지와 목적지에 따라 며칠 내지는 여러 달이 걸린다.

커피가 이미 국내에 반입되었다면, 며칠 안으로 공장에 들어올 것이다. 그러나 커피가 지금 농장 건조대에서 건조되고 있는 상태라면, 짧아도 6주, 길게는 6개월은 지나야 커피를 받을 수 있다(더 오래 걸릴 수도 있다. 불행히도 배송 지연에 끝은 없다).

건조대에 누워 있는 커피는 아직 갈 길이 멀다. 몇 차례 분류와 전처리를 거쳐, 포장과 컨테이너 적재 뒤에 선적이 되고, 대양을 한둘 건너야 한다. 배에서 내린 뒤에는 세관이 기다리고 있다. 이때 배송 지연이 발생할 수 있다. 세관 검수 과정에서 문제가 생기는 경우가 많지는 않지만, 불행하게도 추가 검사 명령이 떨어진다면 그 소중한 커피를 한 달 정도 늦게 받는 것은 일도 아니다.

구매 결정을 했을 땐 세계 최고의 커피였다 해도 당신의 공장 창고에 처음 상태로 도착하지 못한다면 이제 쓰레기나 마찬가지이다. 따라서 아는 것이 많고

왼쪽 코스타리카 익스클루시브 커피에서 손으로 커피를 분류하는 모습. **오른쪽** 엘살바도르 엘 보르보욘에서 비중 차를 이용해 자동 분류를 하고 있다.

전문적이며 체계적인 수출업자, 수입업자와 일해야 한다. 이들은 엄청난 차이를 만들어낸다.

동아프리카 쪽 생산지를 발굴하던 시절에 아주 열정적인 생산자 겸 수출업자를 만났던 적이 있다. 그가 테이블에 올려놓은 커피는 모두 너무 훌륭했고, 나는 많은 물량을 선뜻 사버렸다. 바이어들이 그동안 고생했던 생산지에 마침내 안정적인 공급망을 구축했다는 흐뭇한 마음으로 이 나라를 떠났으나…….

참으로 순진한 생각이었다. 그 뒤로 몇 개월 동안 실망스런 내용이 담긴 메일과 입에 대기도 싫을 정도로 형편없는 샘플을 받으면서, 이 나라에서 내가 아무것도 해내지 못했다는 걸 확인했을 뿐이었다. 이 수출업자는 그 커피를 제때 운송할 능력이 없었고, 그렇게 시간이 흐르는 동안 커피는 점점 품질이 떨어졌다. 그는 정직했다. 의도도 좋았다. 그러나 경험이 너무 없어서 커피 수출 절차라는 복잡한 과정을 제대로 진행하지 못했다.

그렇다고 경험이 전부는 아니다. 새내기 수출업자를 무조건 피할 필요는 없다. 나는 경험이 적은 초짜 수출업자와 함께 성공적으로 작업을 진행한 경험이 많다. 이런 초짜 수출업자들은 오히려 통상적인 절차를 따르지 않기 때문에 성공하는 경우가 종종 있다. 하지만 경험 많은 수출업자는 이미 투자하고 있는 관계가 많고 당신보다는 그 관계를 더 중요하게 여길 수 있다. 하지만 초짜 수출업자라면, 당신을 위해 아마 산도 통째로 옮겨주려고 할 것이다.

한마디로 경험이 있건 없건 상관 없이, 당신이 찾아야 하는 수출업자는 이런 사람이다. 세부적인 부분까지 신경을 써주고, 품질에 관련된 모든 면을 중요하게 생각하며, 건조 후 생두 처리 작업을 성실히 수행하며, 당신을 포함한 모든 대화 상대와 원활하게 소통할 수 있는, 그래서 커피 컨테이너 운송을 성공적으로 수행할 수 있는 그런 사람을 찾아야 한다. 훌륭한 커피를 찾는 것만으로는 부족하다. 커피를 공장까지 무사히 옮겨놓는 데 도움이 되는 수출업자를 찾고 그와 일해야 한다.

15

품질 관리

좋은 상태로
커피 생두를 받고
성공적인
로스팅을 하는 방법

내가 산 첫 허니 프로세스 커피는 코스타리카 따라수에 있는 유명 처리장에서 생산한 것이었고 품질이 매우 뛰어났다. 나는 코스타리카 현지에서 건조한 지 몇 주 지난 것을 커핑했는데, 열대 과일, 핵과류를 연상시키는 느낌에 달콤하고 촉촉한 산미가 어우러지는 커피였다. 이 커피가 도착하면 동료들, 고객들이랑 나누어 먹겠다는 기대에 부풀어 목이 빠지게 기다렸고, 주문한 코스타리카 커피가 도착하자마자 수세식, 허니 할 것 없이 모두 커핑 테이블에 올렸다. 그리고 놀랍게도 수세식 커피는 코스타리카에서 먹었을 때보다 맛이 훨씬 더 좋아졌다. '수세식이 이 정도면 허니는 어느 정도일까!'라는 흥분과 기대감에 허니를 커핑했는데…….

 뭐 좋았다. 그러나 코스타리카에서 느꼈던 만큼은 아니었다. 그때는 88점, 89점이었다면 여기 와서는 85점, 많아야 86점밖에 줄 수 없었다. 과일의 향연은 온데간데없고, 단맛과 기분 좋은 산미는 그냥 쓸 만한 정도 이상은 아니었다.

품질이 엄청나게 떨어진 것이다.

    당신이 잠깐이라도 커피 구매 일을 해봤다면, 아마 생두 구매에서 가장 어려운 일 중 하나는 생두의 품질 변화라는 사실을 알고 있을 것이다. 이런 어려움을 일찌감치 알았다 해도 바이어로서 생두를 고르는 위치가 돼봐야 제대로 실감이 난다. 결정의 순간이 되면, 마치 자신이 심판대에 선 듯한 느낌이 든다. 어쩌면 당신은 다른 누군가의 실험실에서, 수 주 전에 볶아두었던 샘플로 커핑하고 이를 바탕으로 구매 결정을 내렸을 수도 있다. 그리고 이제 진실의 순간이다. 당신의 동료들이 그 커피를 처음 맛보는 것이다. 이 친구들이 마음에 들어 할까? 그때 그 맛 그대로일까?

    훌륭한 품질 관리 시스템은 해당 커피가 당신이 구매 시점에서 맛봤던 커피인지 아닌지를 즉시 평가할 수 있게 해줄 뿐 아니라, 나중에 공급자가 당신에게 더 좋은 커피를 보내는 방법을 찾는 데 도움을 준다.

기록, 기록, 기록

품질 관리의 첫 번째 규칙은 무지막지한 기록을 남겨야 한다는 것이다. 특정 로트별로 샘플을 받을 때마다(구매 샘플, 선적 전 샘플, 도착 샘플, 보관 중 정기 채취한 샘플) 점수를 매기고 기록해야 한다. 공책에 그저 몇 자 끄적여도 되고, '크롭스터 컵' 같은 커핑 프로그램을 써도 상관없다. 사실 간단한 메모를 남기기 위해 이런 커핑 프로그램을 쓰는 건 닭 잡는 데 소 잡는 칼 쓰는 격이다. 간단한 스프레드시트 정도가 나랑 우리 팀에게는 딱 맞았다. 어떤 방법을 쓰든 간에 다시 찾아보고 검토할 수 있는 형태로 메모를 써야 한다.

    가장 간단하게 기록한다면 100점 만점 기준으로 점수와 몇 가지 향미를 메모한다. 최소한 이 정도라도 기록해두지 않으면, 보통 기억력으로는 이후에 동일한 커피를 커핑하더라도 정확하게 판단하기 어렵다. 이상적으로는, 가루 향, 아로마, 신맛, 단맛을 각각 따로 느낌을 적고 식었을 때의 변화 양상도 적는 것이 좋다. 이 커피를 다시 맛볼 때 비교할 거리가 있도록, 이 커피의 맛이 어떠했

Chapter 15
품질 관리

케냐 도르만에서 찍은 원두 샘플

다는 내용을 떠올릴 수 있도록, 최선을 다해 기록하자.

수분 측정기가 있다면, 샘플을 평가할 때마다 수분 함량을 반드시 기록해야 한다. 수분 함량이 유의미하게 줄어들었다면 문제가 심각할 수 있다. 만약 수분 함량이 늘었다면 더 큰 문제다. 경험적으로, 선적 전 샘플에 비해 도착한 커피는 수분 함량이 1.0-1.5%정도 떨어지는 것이 보통이다. 이보다 더 떨어지면 걱정해야 한다. 물론 음료의 맛이 어떤가가 가장 중요하지만, 수분 함량 수치가 알맞다는 것은 생두가 안정적으로 보관되었음을 의미한다.

정기 검사 절차에서는 완전한 생두 등급 분석까지는 아니라도, 매 단계마다 충분히 신경을 쓸 필요는 있다. 결점두 수가 상당히 많다면, 철저한 생두 등급 분류를 해봐야 한다. 샘플 로스팅을 하고 난 뒤에는 퀘이커를 찾아봐야 한다.

샘플이건 실제 선적 물량이건 상관없이, 커피를 정선하고 분류하는 방법은 전 세계적으로 다양하다. 이 다양한 방법들을 적용했을 때 가능한 한 결점두가 없는 물량, 상품이 얼마나 온전한지를 보여주는 대표성 있는 샘플이 나와야 한다. 그렇지만 이를 보장할 수 있는 방안은 없다. 당신이 할 수 있는 가장 좋은 방법은 커피가 당신의 기대치를 얼마나 충족하는지에 대해 공급자와 소통하는 것이다.

메모도 중요하지만 이 정보를 공급망 안에서 최대한 많은 이와 공유하는 것이 중요하다. 수입업자, 브로커, 수출업자, 생산자 모두는 최종 소비자에게 가기까지 커피가 어떻게 변해가는가를 알고 싶어 할 만한 각각의 이유가 있다. 메모는 커피가 여전히 훌륭한지, 더 나아졌는지, 품질이 떨어졌는지를 알려주는 강력한 수단이다.

공급망을 거슬러 올라가 관계자들과 대화하면 문제를 해결하는 데 엄청나게 도움이 된다. 점수의 기록은 사료가 되고, 공급자가 실무에 사용할 수 있다. 만약 질적 문제가 뚜렷하게 나타날 경우, 대개 선적 전 또는 도착시에 문제가 발생하는 경우가 많은데, 그러면 공급자는 당신과 함께 일을 제대로 해결하기 위해 노력할 것이다.

품질을 평가할 때는 공급자와 분명하게 대화하는 것뿐 아니라, 당신의 동료들 특히 커피 로스팅에 참여하는 이들과 정직하고 가감 없이 의견을 나누어야 한다. 어떤 생두 바이어는 로스터들을 농장까지 데리고 가서, 이들이 샘플의 단맛과 신맛을 극찬하면서 좋아하는 모습을 보며 즐거워한다. 나는 이 이벤트가 '지금은 이렇지만 나중에 받았을 땐 지금보다 좀 못할 수밖에 없다'는, 일종의 면책 수단이 아닐까 한다. 아니면 바이어가 '좋은 것만 기억하자'는 경향이든가. 아무튼 로스터에게는 민폐다. 로스팅 팀이 아무리 마법사 같은 능력이 있어도 로스팅으로 커피 잠재력을 '향상'시킬 수는 없다.

잠재력이 있는 생두도 있고 그렇지 않은 생두도 있다. 당신은 생두 상태에 대해 무자비할 정도로 정직하게 말해야 한다. 처음 커핑했을 때 맛이 어땠는지, 그 뒤로 어떻게 맛이 변했는지를 포함해서 말이다. 당신이 바라는 내용을 전달하는 것도 좋다. 로스팅 전문가라면 처음 맛을 보았을 때 나타났던 향미를 되살려줄 수 있다. 다만 정직해야 신뢰를 구축하는 데 도움이 된다.

일에 관한 한, 리츄얼의 수석 로스터였던 스티브 포드와 나의 관계는 정말 솔직하고 투명했다. 그는 꾸밈 없는 표현으로 커피의 속성을 신묘할 정도로 잘 짚어냈으며, 로스팅에서는 커피의 정체성을 드러내는 특성—그것이 좋건 나쁘건 간에—을 부각시키는 데 탁월한 능력이 있었다. 그와 정기적으로 커핑하기 전에는, 이미 맛이 좀 간 실망스러운 커피를 여전히 멋지다는 식으로 동료들을 설득할 때마다 나는 죄책감을 느끼곤 했다. 하지만 스티브는 자기 입맛에 확고한 믿음이 있었고, 그의 입맛은 실제로 커피인으로서 최적의 입맛이었다. 거기다 그는 "이건 나쁜 커피다"라고 정말로 주저 없이 말했다('좋다'는 칭찬은 누군가 거들어주지 않아도 누구나 할 수 있다. 하지만 그는 반대 경우가 가능한 사람이었다). 결과적으로, 품질이 떨어지는 커피를 두고 어렵사리 칭찬의 말을 지어낼 필요가 없었고, 이런 커피를 어떻게 처리할지에 대해 보다 실용적인 계획을 세울 수 있었다. 이것이 핵심이다. 게다가 나쁜 커피를 앞에 두고 자기 자신과 다른 사람들을 납득시키려고 정력을 낭비할 필요도 없어졌다. 그럴 에너지로 품질 관리에 더 신경을 쓸 수 있게 된 것이다.

점수 체계를 혼동하지 말 것

SCA와 COE는 각각 고유의 커핑 양식이 있다. 기본적으로는 모두 생두 샘플의 품질을 판단하기 위한 것이다. 두 단체 모두, 커피나무를 키우는 데 들어간 정성, 커피열매의 결실 정도와 균일성, 가공과 건조의 완성도, 결점두 개수, 떼루아를 평가한다.

두 양식 모두, 음료 품질을 점수로 완벽히 환산하지 못하지만 대다수 전문가들은 생두 평가를 위해 이 양식들을 사용한다. 이 양식들은 양산용으로 로스팅한 원두의 품질을 평가하기 위해 만들어진 것이 아니다. 그러나 많은 로스터들, 그리고 대회에서도 최소한 하나 정도(ex. 굿 푸드 어워즈)는 이 양식들이 쓰고 있는 100점 만점 채점제를 채택하고 있다. 이 때문인지는 몰라도 혼동과 오해가 자주 발생한다.

나는 100점 만점 채점제는 생두의 고유 품질을 논하고 평가할 때만 쓰라고 권하고 싶다. 이때 나온 생두 점수는 이론상 로스팅으로 얻을 수 있는 최고 점수다. 특정 커피가 받을 수 있는 최고 점수는 근본이 되는 생두 품질이 달라질 때만 변화한다.

양산용 로스팅은 어떻게 평가해야 하나?

객관적 생두 평가를 할 때는 100점제를 쓰고, 주관적으로 할 때는 향미와 프로필 선호도를 쓴다. 로스팅이 잘되었는지 평가할 때도 이런 식으로 객관적, 주관적 방법을 쓸 수 있다. 객관적인 평가라면, 커피가 '발현 없이 그냥 가열만 되었는지, 발현이 덜 되었는지, 그슬렸는지'를 확인하면 된다. 주관적인 평가라면 단맛과 신맛 관계가 원하는 대로 균형을 맞추고 있는지, 생두의 고유한 속성을 얼마만큼 끄집어냈는지를 본다.

지금까지 일했던 업체마다, 품질 관리를 위한 커핑 테이블에 대한 평이 무척이나 달랐다. 단적인 예로, 스텀프타운 사람들은 아마 리츄얼에서 볶은 커피 상당수가 발현이 덜 되었거나 단맛이 부족하다고 느낄 것이다. 반대로 리츄얼에서 보면 스텀프타운의 많은 원두는 리츄얼의 유일한 로스팅 원칙, '굽거나 그슬린 느낌이 절대 나지 않게 하라'는 명제를 깨뜨린 것이다.

다시 말해서, 내가 권하는 방법은 이렇다. 자기 로스팅 스타일에 맞는 품질 속성 중 2-5가지를 정해놓고, 여기에 맞춰서 양산용 로스팅을 평가한다. 이 품질 속성들이 로스팅을 통해 발현되거나 또는 보호되었는지가 중요하다. 예를 들어, 단맛(생두에 존재하고 로스팅으로 발현), 산지(생두 속성으로 확연히 드러나고 항상적으로 존재), 마우스필(부드러움, 촉촉함, 메마른 느낌이 없는 것)의 세 가지 속성에 초점을 맞추기로 했다면, 이제 각 속성마다 '예/아니요'로 커피를 평가해보자. 단맛이 나는가? 기대한 산지 특성이 있는가? 마우스필이 좋은가? 하는 식으로 말이다.

세 가지 평가 결과가 모두 '예'로 나왔다면, 3점을 준다. 셋 중 두 가지만 '예'로 나오면 2점으로 채점한다. 이 간단한 채점제는 생두 샘플 로스팅에 적용하는 100점제와 헷갈릴 염려가 거의 없다(내 인생 최악의 커피조차도 한 자릿수 점수는 넘어갔다). 이 방식은 동료와 신속하게 의견을 나누어야 할 때도 좋다. 한 단계 더 나아가면, 각 항목을 순서대로 말할 수도 있다. "예, 예, 아니오." 하는 식으로 말이다. 즉, 단맛은 좋고, 산지 특성도 잘 표현되었는데, 마우스필은 좋지 않다는 뜻이다.

이 방식조차도 복잡하게 느껴진다면, 더 친숙한 방식이 있다. 바로 학점식 표기다. 배치별로 평가할 때, 그 잠재 목표에 얼마나 가까운지를 판단하고, 이를 점수로 나타내는 것이다. 양산용 로스팅이 자신이 꿈꿔온, 커피만큼 좋다면, A+이다. 당신이 커피에서 가장 좋아하는 요소인 신맛이 제대로 나타나지 않았다면 문자 단위로 점수를 깎아라. 이런 방식은 동료들이 쉽게 이해할 수 있고 생두 점수와 헷갈릴 우려가 없다.

커핑 VS 다른 추출법

커피 산업의 생산 품질 관리에서 음료 평가는 거의 커핑 방식을 사용한다. 이유는 여러 가지가 있지만, 아마 가장 큰 이유는 많은 수의 샘플을 음료로 만드는 가장 쉽고 빠른 방법이 커핑이기 때문일 것이다. 추출 결과를 항상적으로 재현하는 가장 쉬운 방식 또한 커핑이다. 물론 품질 관리를 v60 모델(하리오 드리퍼)로 하겠다고 결정할 수도 있지만, 아마도 추출상의 오차가 더 많아서 양산 샘플 간 공정한 비교가 힘들 것이다.

그렇다면 품질 관리 면에서 커핑이 최고의 추출법일까? 물론 그건 아니다. 당신도, 고객도, 그 고객의 고객도, 커핑 방식으로 커피를 만들어 먹지는 않을 테니까. 카페를 운영하는 사람이 커피를 만들 때 커핑이 주된 방법일 리는 없다. 커핑은 추출법으로서는 아주 특이한 방식이다. 내 경험상, 커핑은 약 로스팅에 더 맞고 마우스필의 효과를 억누른다(스콧 라오는 약 로스팅 커피가 더 맞는 이유를, 커피를 거르지 않은 채 그냥 가라앉혀 추출하는 경우 커피액 속에 콜로이드가 만들어지고, 이들이 아마도 쓴맛과 신맛을 줄여주기 때문이라 설명한다). 커핑으 생두 평가 양식에는 재배, 열매 결실도, 가공, 분류에 대한 내용이 포함된다.

로만 커피를 평가한다면, 다른 추출법에 쓰는 커피보다 더 약배전으로 로스팅하는 것이 이상적이다.

한편, 로스팅한 배치가 열 개가 넘어가는데 커핑 대신 다른 추출법을 쓴다면 시간이 너무 오래 걸린다. 아마 마지막 잔을 맛보고 나서 첫 잔으로 돌아갈 때쯤엔 이미 커피가 식어 있을 것이다. 평가를 위한 커피를 만드는 데 시간이 너무 오래 걸린다면 보조 직원들을 더 고용하지 않는 이상 샘플들을 한꺼번에 놓고 비교할 수 없다.

자, 그럼 어떻게 하는 게 좋을까? 그냥 커핑하자. 다른 방법으로 커피를 추출했을 때의 경험을 온전히 대변해주지는 못하겠지만, 가장 일관성 있는 추출법 중 하나가 커핑이다. 품질 관리에서는 과정보다 모든 배치에서 원하는 결과가 확실히 나오는 것에 목표를 둬야 한다. 품질 관리는 로스팅한 모든 배치에 대해 100% 실행한다. 커핑이나 프렌치 프레스 같은 담금식 추출법은 재현하기 쉽기 때문에 품질 관리용 추출의 중심 역할을 할 수 있다. 드립 방식은 재현성 면에서 신뢰도가 떨어지므로 품질 관리 과정에서는 보조용으로 사용하는 것이 좋다. 드립 방식은 당신의 원두를 고객이 어떻게 경험하게 될지를 이해하는 데 더 도움이 된다.

16

스토리텔링

**커피의
중요한 정보에 대해
고객과 대화하는 법**

이제 커피가 왔으니, 볶아서 팔아야 한다.

소규모 업체 대부분, 그리고 상당수의 대형 업체조차도, 싱글 커피와 커피 블렌드에 대한 이야기를 만들 때 바이어가 큰 역할을 한다. 나 또한 커피에 대한 이야기를 많이 만들었다. 메뉴에 왜 이 커피를 넣었는지, 이 커피의 맛이 어떤지, 더 나아가 이런 맛이 어떻게 해서 나타나는지까지 설명했다.

커피 향미를 단순하게 설명하고 싶다는 유혹이 들 것이다. 이런 식으로 말이다. "품종은 A다. 고도는 B인데 가공 방식은 C다. 그러므로 맛은 D, E, F다." 하지만 커피는 이보다 훨씬 더 복합적이다. 어떤 부분은 계산이 가능하지만 그렇다고 깔끔한 등식으로 떨어질 가능성은 별로 없다. 이번 장에서는 커피 이야기를 만들 때 고려할 몇 가지 포인트를 소개한다.

커피 맛을 결정하는 것들

때로는 품종이 모든 것을 설명한다. 1400m 고도에서 생산된 엘살바도르 커피 맛이 어떤지 설명할 때, 이 나라 커피의 일반적인 특성인 달콤한 캐러멜 느낌과 다크초콜릿을 떠올릴 가능성이 크다. 그러나 만약 이 커피가 '게이샤'라면, 처음에 했던 생각을 제쳐두고 예전에 맛보았던 게이샤 느낌을 떠올릴 것이다. 캐러멜이나 다크초콜릿 느낌은 시트러스 과일 향과 강렬한 꽃 향에 묻혀버릴 것이다.

이번에는 해발 고도 1900m에서 재배한 수세식 티피카의 맛을 생각해보자. 처음에 어떤 맛을 떠올렸을지 몰라도 "가공 방식은 웻-헐입니다"라는 말을 듣는 순간 결론은 달라진다.

이번에는 토종 부르봉이다. 수세식인데 발효 시간이 길었다. 이때 당신이 어떤 향미를 느꼈든 간에 "이건 케냐산인데요"라는 말을 듣는 순간, 처음의 결론은 결코 나오지 않는다.

여기서 요점은 커피의 향미를 만드는 핵심 요소들은 다양할 수 있다는 점이다. 또한 특정 커피의 향미에 영향을 미치는 핵심 요소들을 결정짓고 사례로 확립시키는 것이 바로 커피 바이어로서 당신이 해야 하는 일이다.

이 커피가 다른 커피와 맛이 다른 이유

처음 콜롬비아 커피를 샀을 때 나는 강렬한 체리 향에 홀딱 반했다. 인터넷으로 찾아보니 체리 향은 콜롬비아 커피의 고유한 품질 특성이라고 나와 있었고, 옳다구나 싶어 그대로 라벨에 적었다.

두 번째 콜롬비아 커피 구매 때는 소규모 로트 다섯 종류를 샀다. 나는 각 로트를 따로 팔고 싶었는데 하필 그 일주일 동안 이 콜롬비아 커피 다섯 종류만 팔게 되었다. 그렇다고 "이건 모두 콜롬비아산 커피들이니까 당연히 모두 체리 맛이 나겠죠?"라고 쓰고 싶지는 않았다. 그래서 다섯 종류의 커피를 나란히 두고 하나씩 맛을 봤더니 감귤 향이 강한 것, 갈색설탕 맛이 강한 것, 열대 과일 향이 강한 것으로 구분이 되었다. 커핑을 마치고 보니 그 어떤 것에서도 특별히 체리 향이라고 할 만한 향은 나지 않았다. 좀 더 분명하게 말하자면 체리 근처에도 가지 않았다.

그래서 어떻게 했느냐, 나는 각각의 지역별 콜롬비아 커피들의 특성을 표현하고, 이 지역별-예를 들어 남부 산맥 지대에 위치한 우일라와 까우까 같은-차이가 커피 향미에 극적으로 영향을 끼쳤다고 설명했다.

다른 모든 시도가 안 먹힌다면, 사람에 대해 말할 것

모든 커피는 사람이 생산한다. 그들은 당신이 마시는 커피를 생산하기 위해 어떤 단계에서는 명확한 의도를 갖고, 또 어떤 단계에서는 별 의도 없이 일한다. 커피를 만들어내는 데 관여한 사람이라면 누구든, 아무리 작은 역할을 맡았다 해도 커피의 최종 특성에 지워지지 않는 자취를 남긴다.

어떤 사람은, "나는 스페셜티 커피라는 건 믿지 않아. 스페셜티 생산자만 믿지"라고 말하기도 했다. 생산자의 헌신, 작업, 재능이 없다면 스페셜티 커피는 만들어질 수 없다는 뜻이다. 2000년대 이후 꽤 많은 부분이 바뀌었지만, 그럼에도 커피 생산자는 여전히, 대개는 익명이다.

물론 예외도 많겠지만 스페셜티 커피숍, 특히 다른 로스팅 회사에서 커피를 구매해 사용하는 매장에서 당신이 마시는 커피를 누가 생산했는지 알아내기란 매우 어려울 것이다. 로스터로서는 제조 정보를 주려고 최대한 친절을 베푼 것이겠지만, 내가 "이 커피 어디 것인가요?"라고 물었을 때 들었던 대답의 80%는 그 매장이 커피를 구매한 로스팅 업체 이름이었다. 그럼 나머지 20%는? 나라 이름이다. 구체적인 지역 이름이나 생산자 이름까지 알아내려면 최소한 두세 번은 더 질문을 해야 한다. 그렇게 해도 정보를 알아낼 수 없는 경우도 많다.

구세주 컴플렉스

공급자와의 관계, 특히 커피 생산자와 당신이 어떤 관계를 맺고 있든지 간에, 당신과 생산자는 서로 돕고 있을 뿐이다. 당신이 생산자들을 더 많이 돕는다는 생각을 당신 스스로나 고객들이 믿게 해서는 안 된다. 그건 바보짓이다. 그들이 당신에게 커피를 판매하는 한, 당신이 내는 어떤 형태의 돈도, 가공 과정이나 농가, 공동체, 보건소 등에 들어가는 기부금도 사업 관계의 일환일 뿐이다.

만약 당신이 지금의 생산자를 만나지 않았더라도, 당연히 그들은 아무 문제도 없었을 것이다. 당신이 아닌 다른 바이어를 만나 거래를 했을 테니 말이다. 품질이 좋은 커피를 생산하는 생산자라면 더욱 그렇다. 좋은 고객 같은 건 없다는 말이 아니다. 사업 관계가 좋은 것과 나쁜 것의 차이는 분명히 있다. 내가 진짜 하고 싶은 말은, 당신은 영웅이 아니라는 사실이다. 고객에게야 당연히 영웅이 되겠다는 목표를 잡아야겠지만, 공급자에게는 그렇게 하면 안 된다. 공급자에게 영웅이 되겠다는 생각은 제국주의적 발상이다. 부디 제국주의자는 되지 말자.

예전에 어떤 바이어랑 외딴 커피 산지를 함께 방문한 적이 있다. 이 사람은 당시 커피 가격이 낮았던 시절임에도 불구하고 꽤 오랫동안 높은 가격으로 그 지역의 커피를 구매했다. 그 사람으로서는 관계, 생산자, 커피에 가치를 둔 것이었지만, 나중에 시장가격이 올라가자 거래하던 생산자들은 그에게 값을 올려달라고 요구했다. 그 바이어는 몹시 화를 내며 예전에 커피 가격이 쌀 때 자기는 비싸게 사주지 않았느냐며 그 시절을 생각해보라고 목청을 높였다.

물론 생산자들은 그 말에 콧방귀도 뀌지 않았고, 사실 그럴 필요도 없었다. 값을 후하게 받고 있던 와중에 시장의 커피 가격이 오른다고 가정해보자. 다른 업체들은 엄청나게 높은 가격을 지불하겠다고 제안하는데, 지금 거래처는 과거에 값을 잘 쳐주었으니 이제 충성심을 보이라고 말하는 것이다. 그런 말이 생산자들에게 먹힐 리가 없다. 과거에 좋은 값으로 사준 건 고맙지만, 그 거래는 끝났다. 지금 값을 후하게 받고 있으니 미래에는 헐하게 받아야 한다면 그걸 받아들일 생산자가 어디 있을까?

   또 하나, 나는 간혹 로스터들이 자기가 어떤 농장 또는 농부를 '발견'했느니 어쩌니 하면서 자기가 그 생산자와 일하는 것을 영웅담처럼 자랑하는 모습을 보면 웃음을 참을 수가 없다. 이런 생산자들 중 몇몇은 이미 수십 년씩이나 자기 농장에서 최고의 커피를 만들어왔다. 과테말라 우에우에떼낭고에 유명한 생산자가 있는데, 이 사람은 COE에서 우승하기 전에도 스타벅스나 알레그로에 커피를 공급하던 생산자였다. 그런데 꽤 유명한 제3물결 로스터가 이 사람을 자기가 '발견'했다고 떠들어댔다. 마치 이 생산자가 자기를 만나기 전에는 성공했던 적이 한 번도 없었다는 듯이 말이다. 진실은 이렇다. 그 생산자는 머리도 명석한 데다 재산도 많다. 나 같은 사람은 평생 벌어도 따라갈 수 없을 정도로 큰 부자다. 게다가 워낙 성실하고 부지런한 데다 농장은 엄청나게 기름지기 때문에 그의 커피는 언제나 뛰어난 품질을 유지한다. 그는 전 세계 바이어들 목록을 보며 누구와 일할지 선택해도 될 만한 수준이고 실제로 그렇게 한다. 그런 생산자를 두고 '발견했다'고 떠들다니, 어불성설이다.

   멋진 커피를 찾아서 고객에게 제공해라. 그렇게 함으로써 당신의 고객에게 영웅이 되자.

PART 2

17

Chapter 17
가공 방식과
그에 따른
음료 특성

가공 방식과
그에 따른 음료 특성

여러 가공 방식이
커피의 향미에
미치는 영향

보관과 선적 기간 동안 커피를 안정적으로 보존하려면 분해성이 높은 유기질 과육을 없앤 뒤에 수분을 11% 정도까지 낮추어야 한다.
  이 단순한 사실을, 나는 커피 일을 시작하고 몇 년 동안, 심지어는 바이어가 되어 산지를 돌아다니기 시작한 몇 개월 동안 전혀 몰랐다. 나는 그 당시 커피 가공 방식은 생산자가 의도적으로 선택하거나, 그냥 지역의 전통을 따르는 게 전부라고 알고 있었다. 두 경우 모두, 특히 지역의 전통적인 가공 처리법들은 첫째, 커피를 안정화시키는 수단으로, 둘째, 다른 목적들에 사용하기 위한 것으로 이해해야 한다. 모든 가공 기법들의 궁극적인 의도는 생두가 선적, 보관, 마침내 로스팅을 거쳐 소비에 이르기까지, 품질을 안정적으로 유지하는 데 있다.
  이제 각종 가공 방식과, 그로 인한 영향을 간략히 살펴보려 한다. 이와 함께 나의 개인적인 취향도 언급할 생각이다.

수세식(워시드, 웻 프로세스)

'커피'라고 했을 때 당신이 떠올리는 이미지는 대부분 이 방법으로 가공한 커피들이다. 수세식은 포괄적인 표현으로서, 펄핑(과육 제거)과 세척 과정을 통해 씨앗에서 과육과 점액질을 분리하는 작업이 포함되면 모두 '수세식'이라고 한다.

첫 번째 단계에서 과육 제거기로 열매의 외피를 제거한다. 이러면 끈끈한 점액질에 덮인 커피 씨앗이 남는다. 이 점액질은 발효(대개 발효조 안에서 진행하는데 물속에서 할 수도 있고 물 없이 할 수도 있다)시켜서 분해시키거나 점액질 제거기를 사용해 기계적으로 제거한다. 점액질 제거기는 실린더를 세워놓은 듯한 구조의 기계인데, 껍질을 벗긴 커피열매를 좁은 구멍으로 밀어넣으면 틈새를 통과하는 과정에서 교반에 따른 마찰에 의해 점액질이 제거된다. 발효는 12-72시간이 걸리는데, 이 시간 동안 효모와 박테리아가 활동하면서 씨앗의 점액질을 분해한다.

발효 또는 점액질 제거가 끝나면 아직 남아 있는 점액질을 완전히 없애기 위해 커피를 씻는다. 이 작업은 대개 기다란 수로에서 진행하는데, 작업 중에는 스크루형 기기를 돌리거나 삽으로 일일이 뒤섞어준다.

세척 작업이 끝나면 파치먼트에 싸여 있는 커피콩을 수분이 11%정도 될 때까지 기계 건조 또는 일광 건조한다. 기계 건조는 '과르디올라'라고 불리는 커다란 회전 드럼식 송풍 건조기 또는 사일로형 건조기를 쓰는데 대개 1-2일 정도 걸린다. 중미에서 가장 일반적인 일광 건조 방식은 평평한 건조장에 펼쳐서 말리는 형태로 대략 3-6일이 걸린다. 햇볕에 가열된 바닥에 커피를 얇게 깔고 고르게 마르도록 커피콩을 자주 뒤섞는다. 해가 질 때쯤엔 커피를 피라미드 형태로 모은 뒤, 방수천으로 덮어서 결로 현상을 방지한다.

다른 방식의 일광 건조 방법 중 특히 스페셜티 커피 분야에서 현재 인기가 있는 방식은 레이즈드 베드 또는 아프리칸 베드라는 건조대를 쓰는 방식이다. 바닥이 그물망으로 되어 있어서 커피콩을 얇게 깔면 바람이 통한다. 커피콩이 땅바닥에 깔려 있는 게 아니라서 사람들이 지나다 파치먼트를 밟아 손상시키는

Chapter 17
가공 방식과
그에 따른
음료 특성

왼쪽 코스타리카 돈 마요 마이크로 밀의 점액질 제거기. **오른쪽** 점액질 제거기의 내부 모습

방금 발효 과정을 시작한 커피콩. 과육이 제거된 상태. 과테말라 엘 인헤르또에서

세척 중 일꾼이 커피콩을 휘젓고 있다. 케냐 카빙가라

건조 중인 커피 무더기 위를 덮어 준 상태. 엘살바도르 핀카 마따라빠

사고를 방지할 뿐만 아니라, 건조장 온도가 너무 높을 경우에도 열 피해를 덜 받는다. 건조하는 동안 주기적으로 뒤집어주고, 밤에는 한데 모아 천을 덮어준다. 일반적인 일광 건조 상황처럼 극단적인 온도에 노출되는 경우가 없기 때문에 결로가 적은 편이다. 이 방식은 어디에서든 7-15일쯤 걸린다.

대개, 수세식 커피는 처리 작업 1주일 안에 선적할 수 있다. 다른 방식에 비해서 상한 과일 느낌 또는 나쁜 향미가 날 가능성이 적고 단맛, 신맛이 강조되는 경향이 있으며 커피나무의 품종별 특성이 가장 잘 표현된다.

건식(내추럴, 드라이 프로세스)

건식은 수세식과 정반대 방식으로 과육을 제거한다. 원리적으로는 두 가지 방법이 있다.

- 커피열매가 나무에 매달린 상태에서 어느 정도 또는 완전히 마를 때까지 기다렸다가 수확한 뒤 말라버린 껍질, 점액질, 파치먼트를 한 번에 벗긴다.
- 커피열매가 적당하게 익으면 수확하고—여기까지는 다른 방법과 같다—몇 주 내지는 몇 개월 동안 건조장이나 건조대에서 말린 다음 말라버린 껍질, 점액질, 파치먼트를 벗긴다.

내추럴 프로세스는 점액질, 과피, 씨앗 사이에서 유기물 교환이 일어날 가능성이 훨씬 높다. 이런 커피는 바디가 뚜렷하고 과일 느낌이 강조된다. 다만 결점두 향미가 나올 가능성이 있다.

건조대에서 건조 중인 커피. 온두라스 베네피시오 시나클라

내추럴 방식으로 건조 중인 익은 열매. 엘살바도르 핀카 마따랄빠

Chapter 17
가공 방식과
그에 따른
음료 특성

기타 가공 방식

너무 단순화시킨 것 같지만, 나머지 모든 가공 방식은 위에서 설명한 수세식과 건식 가공 방식을 조금씩 변형한 것들이다.

펄프드 내추럴(허니 프로세스)

기타 가공 방식 중에 가장 두드러지는 것이 펄프드 내추럴과 허니(미엘이라 부르기도 한다) 가공 방식이다. 두 방식 모두 커피열매의 껍질을 까고 기계식 점액 제거기로 점액질을 일부 제거하거나 혹은 점액질을 전혀 제거하지 않은 상태에서 파치먼트를 말린다. 펄프드 내추럴을 처음 시작한 나라는 브라질이다. 수세식 처리 과정에 사용되는 물의 양을 줄이려는 목적으로 고안되었다. 그런데 이 방법을 코스타리카에서 '허니 프로세스'라는 이름으로 슬쩍 바꿔 내놓았다. 이름만 다르지 똑같은 방식이다. 그러나 속물근성에 물든 중미 대부분의 나라들은 코스타리카에서 만든 이름을 가져다 썼다. 그러니 속지 말자. 펄프드 내추럴과 허니는 이름만 다를 뿐 똑같은 방식이다.

　펄프드 내추럴 또는 허니 방식으로 커피를 처리할 때는 중요한 선택지가 있다. 건조시킬 커피콩에 점액질을 얼마나 남길지 결정해야 한다. 이 유형의 커피는 대개 수세식 커피와 특성이 비슷하지만 신맛이 덜하고 바디가 더 강하며, 과일 향미가 더 풍부하다. 경험적으로, 소비지에 도착한 허니 커피는 처음만큼 좋지 않다. 처음의 향기와 신맛 같은 성분이 빨리 사라지는 편이다.

웻 헐(길링 바사)

또 다른 유명한 가공 방식으로 웻-헐, 길링 바사라 불리는 방식이 있다. 주로 수마트라와 술라웨시에서 사용되는 방식으로, 수세식과 비슷하지만 수분 함량이 25-40%일 때, 즉 커피콩이 아직 부드러울 때 껍질을 벗긴다. 때문에 껍질을 벗

기다가 커피콩이 부스러지거나 상처가 나기 쉽다. 커피콩을 보호해줄 파치먼트가 없는 상태로 건조를 해야 한다. 그런데도 왜 이런 방식으로 가공을 할까? 이 지역 사람들이 예전부터 특수한 형태로 커피를 거래해왔기 때문이다. 이곳 시장은 커피 구매 경쟁이 치열하기 때문에, 커피의 수분이 다 빠지지 않은 상태에서도 거래가 이루어질 때가 많았다. 덕분에 생산자들은 다 마르기도 전에 껍질을 벗겨야 했다.

웻-헐 커피는 흙내가 나고 신맛과 단맛이 적은 경향이 있으며 마른 느낌, 나무 느낌이 두드러진다.

가공 방식의 선택

나는 단언컨대 수세식을 지지한다. 더 구체적으로 말하자면, 품종의 고유한 특성, 재배 토양과 환경이 가장 잘 드러나는 깔끔한 커피를 엄청나게 좋아한다. 훌륭한 수세 커피는 과일 향, 향신료, 초콜릿 느낌, 다양한 이미지를 연상시키는 복합성 complexity 을 가지고 있다. 가공 과정에서 서투른 방법을 쓰면 품종이나 재배 산지와 무관하게 거의 비슷한 맛이 나는, 단편적인 커피가 나와버린다.

그렇지만, 일부 건조 지역, 즉 에티오피아의 하라, 예멘, 브라질의 세하두 지역에서는 아주 멋진 내추럴 커피를 생산한다. 좀 드라이한 마우스필과 과일 향 느낌이 나고, 재배 토양의 고유한 특성과 느낌이 잘 드러나는 커피들이다. 하지만 요즘 중미 지역에서 내추럴 커피가 점점 많아지는 상황은 개인적으로 매우 안타깝다. 수세식으로 했다면 사랑스럽고 섬세하며 성숙한 향미를 가진 커피가 나왔을 텐데, 내추럴 방식으로 하면 농익은 바나나, 상한 피넛버터, 시큼한 딸기 향이 뒤죽박죽인 커피가 나오기 십상이다. 중미는 습도가 너무 높아서 나쁜 향미가 없는 건식 커피를 만들기가 매우 어렵다.

수세 처리에는 물이 많이 필요하다. 때로는 펄프드 내추럴에 비해 물이 100배는 더 들어간다. 내추럴에 비해서는 말할 것도 없다. 이런 점 때문에 브라질, 코스타리카, 파나마, 기타 중남미 국가에서 펄프드 내추럴, 허니 프로세스 방식

Chapter 17
가공 방식과
그에 따른
음료 특성

으로 가공한 커피가 점점 더 많아지고 있다. 하지만 점액질 대부분 또는 전부를 기계로 제거하면 발효를 거쳐 점액질을 제거한 수세식 커피와 다름없는 좋은 커피를 얻을 수 있다. 만약 커피 생산이 환경에 미치는 영향에 대해 조금이라도 관심이 있다면, 기계를 사용해 점액질을 제거하는 생산자와 거래해라. 그러면 품질 저하에 대해 걱정할 필요가 없다.

기본을 넘어, 차이를 만들어내는 것들

국가나 농장에 상관없이 좋은 커피를 생산할 수 있는 몇 가지 공통적인 조건이 있다. 예를 들어 잘 익은 열매만 따거나, 오랜 세월을 거쳐 최고라고 검증된 품종, 이를테면 부르봉, 티피카, 기타 변종들을 심는 방법이다(까띠모르와 그 변종들인 까스띠요, 렘뻬라, 꾸스까뜰레꼬 등은 빼자).

몇몇 혁신적인 생산자들은 여기서 한 걸음 더 나아갔다. 그들은 음료 프로필을 개선하기 위해 많은 실험을 했고, 그 실험들 중 몇 가지는 진정한 발전을 이뤄냈다. 나머지들은 그냥 실험이었을 뿐이다. 최고의 가공 방식이라는 환상에서 한 발 물러서, 떼루아에 좀 더 집중하게 되면서 이런 혁신들은 커피 생산을 더 일관성 있고 예측 가능하게 했.

생두 처리 작업 가운데 부수적으로 여겨지는 몇몇 작업들이 있다. 그중 매우 중요하다고 생각하는 것들을 소개한다.

열매를 물에 띄우는 작업

아무리 신경을 써서 익은 열매만 골라 따더라도 육안으로 열매 속까지 확인할 수는 없다. 겉으로는 익은 것처럼 보여도 속에는 문제가 숨어 있을 수 있다. 심각한 문제는 아니지만 열매 속에 씨앗이 하나만 있을 수도 있고, 최상의 커피 상품을 만드는 데 방해가 되는 결점두가 숨어 있을 수도 있다.

나와 함께 일했던 생산자 중에서도 더 나은 성과를 내는 이들은 과육 제거 작업 전에 특별한 작업을 하나 더 거친다. 열매를 물에 담그는 작업이다. 열매를 물에 담그면 덜 여문 열매들이 물 위로 떠오른다. 그렇게 물 위에 뜬 열매만 걷어내면 덜 익은 열매를 분리할 수 있다.

대부분의 처리 작업에 깨끗한 물을 사용하는 것

양심적인 생산자들은 대개 물을 재활용한다. 생태계에 미치는 영향을 줄이기 위해서이다. 나 역시 커피 생산에서 물을 재활용하는 것을 당연히 환영한다. 그렇지만 한 번 사용한 물을 다시 쓰지 않았으면 하는 단계도 있다. 특정한 단계에서 재활용 물을 사용하면 음료의 깔끔함을 망칠 수 있기 때문이다.

열매를 세척장으로 옮기거나 물에 넣고 띄우고, 과육제거기로 옮기는 데까지는 재활용 물을 써도 된다. 그러나 여기까지가 끝이다. 커피 발효와 커피 세척 단계에서는 항상 신선하고 깨끗한 물을 써야 한다. 후반부 작업에 재활용된 물을 쓰면 씨앗에 더러운 물이 닿아 시큼한 식초나 상한 과일 느낌이 나는 커피가 되기 쉽다.

건조

생산자는 가능한 빨리 커피를 말리고 싶어 한다. 그 이유는 수십 가지는 될 것이다. 만약 생산자가 커피 건조 과정에 대해 무신경하다면 세균 감염으로 인해 밋밋하고 김빠진 향미를 내는 커피에서부터 곰팡이 핀 커피까지, 생각할 수 있는 모든 종류의 품질 문제가 발생할 것이다. 나는 곰팡이 핀 커피를 몇 번 맛본 적이 있는데, 그런 날은 꿈자리까지 뒤숭숭했다.

품질 관리에 신경 쓰는 생산자와 일할 때는, 이런 문제는 겪지 않는다. 오히려 너무 열심히 커피를 건조시키려다가 건조 온도가 위험 수준까지 근접하거나 심지어 넘어가버리는 경우가 발생하기도 한다. 기계식 대형 드럼 건조기가 대개 범인이긴 하지만, 일광 건조장에서도 그런 경우가 있다. 건조장을 지을 때 온도 탐침봉을 따로 설치하지 않은 것도 원인이다(기계식 건조기에 달린 온도계에는 커피 건조에 적합하지 않은 너무 높은 온도 영역이 붉게 칠해져 있다. 못 볼래야 못 볼 수가 없다).

건조 온도가 너무 높으면, 수분 함량은 불과 며칠 만에 13-14%까지 떨어지고, 다시 며칠 내지는 일주일 안에 11%(±0.5% 정도 오차), 일단 수치상으로는 안전한 수준으로 건조가 된다. 계측기에 나타나는 수치 자체는 좋다. 그러나 아직 원인을 알 수는 없지만 이렇게 급하게 건조한 커피는 대체로 맛이 좋지 않다.

로스팅을 할 때는 목표하는 색 또는 목표하는 무게 감소분이 있을 것이다. 그러나 이 목표치를 4분 경과 후에 달성하느냐 14분에 달성하느냐에 따라서 맛은 확연히 달라진다. 건조도 로스팅과 다르지 않다. 커피는 고르게, 일정한 속도로, 최소한 7일, 대개는 10일에서 14일 동안 천천히 말려야 믿을 만한 품질이 나온다.

수분 활성도에 관한 생각

지난 10년 사이, 수분 분석법을 보완하는 측정법이 등장했다. 바로 수분 활성도(a_w)이다. 수분 함량 측정은 커피 속에 들어 있는 물의 양을 재는 것인 데 반해 수분 활성도는 증기압을 잰다. 위키피디아에서는 수분 활성도를 '특정 물질의 물의 부분 증기압을 표준 상태의 물의 부분 증기압으로 나눈 값'으로 설명한다.

정의에 따르면 증류수의 수분 활성도는 1.0이고 생두는 0.5-0.6 정도이다. 0.6이 넘어가면 미생물이 번식하기 좋고, 이로 인해 향미가 급속히 떨어질 수 있으며, 심지어는 곰팡이가 필 수도 있다. 수분 활성도가 0.45 아래로 내려가면 로스팅 발현에 문제가 있을 수 있다(이런 경우는 제법 흔하지만, 에티오피아 커피만큼은 예외이다. 이 생두는 수분 활성도가 0.5 아래라도 대개 괜찮다).

수분 활성도 계측기와 수분 측정기를 모두 사려면 수천 달러도 우습다. 당장 필요도 없는데 저 비싼 걸 사야 하나 싶겠지만, 형편없는 커피를 받는 불행한

건조된 파치먼트 커피

사태를 방지하려면 필수적인 장비들이다. 예산 문제 때문에 당장 구입할 수 없다면, 인근의 경쟁 업체(!)와 함께 공동 구매하거나, 그마저도 안 되면, 수입업자에게 도움을 요청하자. 수입업자는 이 기기를 가지고 있을 확률이 높고, 당신이 올바른 구매 결정을 하는 데 도움이 된다면야 기꺼이 수치를 알려줄 것이다(수입업자는 당연히 커피를 팔고자 하는 마음이 크겠지만 그보다는 자기가 판 커피가 반품되는 상황이 더 싫은 법이다).

이 장에 쓸 정보를 알려준 레드폭스 커피 머천트의 품질 관리부장 조엘 에드워즈에게 감사드린다.

습도와 품질

축축한 환경에서 커피를 보관하면 씨앗의 발아 상태가 유지되어, 살아서 호흡을 한다. 이렇게 생명 유지를 하기 위해 커피는 내부의 영양소를 이용해 대사

Chapter 17
가공 방식과
그에 따른
음료 특성

작용을 한다. 안정 수분 함량(11%, ±0.5% 정도 오차)까지 커피를 건조하면 한마디로 신진대사에 필요한 이런 조건이 "동결"된다. 건조를 한다고 보존 효과가 무한한 것은 아니지만, 수분 함량을 안정화시키면 품질 저하 속도를 상당히 늦출 수 있다. 마찬가지로, 보관 환경의 온도가 따뜻할 경우에도 수분 활성을 일으켜 생두에 악영향을 미친다.

커피가 파치먼트에 싸여 있는 상태일 때는, 섭씨 21도 아래, 상대습도 50% 아래인 환경에서 보관해야 한다. 온도와 상대습도 모두 중요하다. 온도가 올라갈수록 상대습도는 내려가야 하고 상대습도가 높아질수록 온도는 낮아야 한다. 습도와 온도를 모두 관리하는 것이 커피의 품질 유지의 핵심이다.

18

Chapter 18

품종과
음료 특성

품종과 음료 특성

**품종이 향미에
영향을 미치는
방식**

부르봉과 티피카는 대부분의 현대 커피 품종들의 조상 격이다. 지금 당신이 맛보는 커피의 향미 대부분은 이 두 품종에서 비롯되었다. 이들은 약 14세기에 에티오피아의 야생 커피에서 채취되어 예멘으로 전해져 그곳에서 처음으로 재배되었고, 이후 18세기경에 마다가스카르 동쪽에 있는 레위니옹 섬(과거 부르봉 섬이라 불렸다. 커피 테이스터에게는 낙원 같은 곳이다)으로 넘어갔다. 오늘날 남미 커피의 대부분은 부르봉과 티피카, 그리고 이들의 여러 후손들이다.

이렇게 감상적으로 말해봤지만, 사실 품종 간의 향미 차이는 까뚜라냐 부르봉이냐보다 토양, 나무의 영양 상태, 열매 결실도, 가공 방식 차이에 의한 것이 더 크다. 이는 에티오피아 이외의 지역에서 자라는 아라비카종의 절대 다수, 아마도 99% 이상이 직간접적으로 부르봉 아니면 티피카이기 때문이다. 말하자면, 우리가 커피 향미를 이야기할 때 실제로는 부르봉 향미, 티피카 향미, 그리고 그 자손들의 향미를 이야기하는 셈이다.

그렇게 말하긴 했지만, 경험상 부르봉과 티피카를 커핑했을 때 차이는 대개 엘살바도르 핀카 마따랄빠에서 자라는 빠까스 종. 부르봉 친척이다.

에티오피아 남부의 야생 커피나무

Chapter 18
품종과
음료 특성

이러했다: 초콜릿이나 캐러멜의 풍부한 느낌이 나면 부르봉, 섬세한 과일 느낌이나 꽃 향, 여운이 길고 좋으면 티피카로 볼 수 있다.

커핑 테이블에서 게이샤, 마라고지페(그리고 배다른 형제들), 기타 토종 에티오피아 품종들을 그토록 빛나게 만들어준 것은 널리 재배되고 있던 부르봉과 티피카 덕이다.

까뚜라, 빠까스, 보르본시또(보르본 에나노, 부르봉 300), 떼끼식 종은 음료 품질이 부르봉과 비슷하지만 내가 보기에 이 품종들은 여운이 부족하고 애프터테이스트가 짧은 편이다. 흔한 재배종인 까뚜아이는 가장 맛이 좋을 때는 단맛이 있지만 식으면서 풀 내가 살짝 돈다. 경험상, 이 품종들은 모두 조금씩 특유의 맛을 가지고 있다.

다양한 까띠모르 품종들은 티모르 교배종에서 나온 것들로 원래는 까뚜라랑 교배했다. 이 계통의 품종들은 음료 맛이 떨어진다. 까띠모르는 전 세계에서 자라는데, 나라별로는 좀 덜 알려진 이름을 쓰는 경우가 많다. 온두라스는 렘삐라, 엘살바도르는 꾸스까뜰레꼬, 콜롬비아는 꼴롬비아, 까스띠요, 코스타리카에서는 이까페 90, 케냐에서는 루이루 11과 바티안, 그리고 중미 전 지역에서 사치모르 등으로 말이다. 새로운 품종이 나올 때마다 전에 있던 것보다 어쩐지 더 나아 보이겠지만, 어쨌든 같은 류다. 시작은 맛이 괜찮고, 향도 좋고, 때로는 더 멋지다. 뜨거울 때는 단맛이 난다. 그러나 식으면 대개 향미가 확 떨어진다. 단맛이 사라지고, 꽤나 떫어지며, 거의 항상 풋내, 풀 내가 난다.

바이어가 어떤 품종을 선택할지는 바이어의 판매 철학에 달린 일이다. 나는 초기에 순전히 호기심으로, 또 한편으로는 고객들과 특별한 경험을 나누고 싶은 마음에 희귀 품종을 찾아다녔다. 그렇지만 슬프게도 이런 품종들은, 보편적인 품종에 비해 특성을 제대로 간직하지 못한 상태로 도착하는 경우가 많았다. 가끔 희귀 품종, 진귀한 품종을 구매해보는 것도 괜찮다. 다만 이런 품종을 사려면 발 빠르게, 품질이 일정한 상태로 공급해줄 능력이 있는 공급자를 먼저 찾아라. 아무리 희귀 품종이라 해도 그 향미가 매력이 있어야지 오직 이름값 때문에 혹해서는 안 된다.

아라비카에 해당하는 종은 수백 가지에 달하고, 그중 많은 종류들은 아직 알려지지도 않았다. 푸르푸라센스 같은 품종의 음료 품질을 논하고 싶은 마음이야 굴뚝같지만, 여기서 그 모두를 설명하지는 않겠다(이 품종은 나무와 열매에 보랏빛이 감돈다. 내가 알기로 아직 상업적으로 재배하는 곳은 없다). 키가 하늘에 닿을 듯한 에렉타 종이라든가, 보기엔 꽃이 없는 듯한 셈퍼플로렌스(항상 꽃이 핀다는 뜻), 카페인이 원래 적은 라우리나 등등도 논외로 하겠다. 다만 몇 가지 이야기할 가치가 있는 종류가 있다.

게이샤

커피 전문가들에게 현재 가장 흥미로운 품종은 아마 게이샤가 아닐까? 이 품종은 지금도 커피의 모든 법칙들을 깨뜨리고 있다. 탁월한 음료 품질도 유명하지만, 어이없을 만치 비싼 가격으로도 유명세를 떨치고 있다.

최고 등급의 게이샤는 세상의 것이 아닌 듯한, 커피가 아닌 특별한 무언가처럼 느껴진다. 매혹적인 꽃향기에 열대 과일과 감귤 계통의 과즙 느낌이 터져 나온다. 구아바나 파파야, 심지어 메이플 시럽 같은 느낌을 받은 적도 있다. 이런 건 다른 커피에서 거의 느낄 수 없다. 게이샤 나무는 가지가 대략 45도 정도, 위쪽으로 뻗어나가며 열매가 맺히는 마디가 다른 품종에 비해 훨씬 간격이 길다. 열매는 매우 달콤하고 모양은 길쭉하다.

게이샤가 비싼 이유는, 아직 대다수 커피 산지에서 종자를 구하기 어렵다는 점, 생산량이 그다지 많지 않다는 점, 음료 맛이 탁월하고 현재로서는 품질에 대한 유명세가 높다는 점을 들 수 있다(마지막 이유를 간과해서도, 과대 평가해서도 안 된다. 자메이카의 블루 마운틴과 코나도 말 안 될 정도로 가격이 비싼데 이것은 역사적으로 명성이 높기 때문이지만, 음료로 보면 게이샤의 품질 잠재력에 비할 바가 아니다).

그렇지만 그만한 가치가 있을까? 어떤 커피라도, 그 커피의 가치는 커핑에서 특정 샘플이 얼마나 훌륭한 맛을 보여주었는가, 그리고 가격대가 어떤가에

Chapter 18

품종과
음료 특성

따라 달라질 수 있다. 게이샤를 사는 것이 맞을까, 사지 않는 것이 맞을까? 나는 대답할 수 없다. 나는 바이어로 활동할 때 이 품종을 딱 네 번 구매했다. 커핑이야 수도 없이 했고, 게이샤가 나를 여러 번 매혹시킨 것은 사실이다. 그러나 다른 많은 품종들도 나를 매혹시키긴 마찬가지인 데다가 가격은 게이샤의 몇 분의 일 수준이었다. 게이샤 커피는 90점을 넘는 경우가 허다하고, 특히 수세식 게이샤는 실패하는 일이 거의 없다. 그렇지만 어떤 게이샤라도 20달러 아래인 경우는 거의 본 적이 없다. 오랫동안 메뉴를 고민하고 구성해왔지만, 게이샤는 언제나 커피 애호가들 내지는 돈을 많이 쓸수록 더 멋진 음료를 마실 수 있다고 믿는 한 줌의 사람들을 위한 과시성 상품 같다는 느낌이 들었다. 그럴 바에야 매일 오는 단골들에게 케냐 니예리를 권해주고 찬사를 받는 것이 낫다.

아무튼 게이샤 생산자들이 점점 늘어나는 중이니 앞으로 맛을 볼 기회는 분명 늘어날 것이다.

이제 게이샤에 대한 명확한 정의가 필요하다. 발음은 '게이샤'이다. '게샤'가 아니다. 게이샤라는 말은 20세기 중반부터 써왔고 게샤라는 말은 지난 15년 동안, 이 커피의 원산지를 특정하기 위한 시도로 사용되었는데, 이 때문에 이 커피가 에티오피아의 게샤 내지는 게챠(암하릭어를 쓰기 때문에 제대로 표기하긴 어렵다)라고 불리는 마을에서 온 것인가 하는 추측으로 이어졌다. 아직까지는 게이샤의 원산지에 대해서 알려진 바가 없다. 게샤 마을과 연관시키려고 하면 오히려 혼란스러워질 뿐이다.

문도 노보

브라질에서 많이 재배하는 품종인데, 부르봉과 수마트라 종의 자연 교배종이라고 일컬어진다. 문도 노보 커피는 작고 동그란데, 나무가 브라질 저지대 환경 및 강우 특성과 궁합이 좋다. 브라질 커피 생산자 다수는 문도 노보를 부르봉과 매우 가까운 관계라 보는데, 부르봉의 명성 때문에 문도 노보를 부르봉이라 일컫는 경우가 많다. 세계 다른 지역에서는 문도 노보에 대해서 까뚜아이의 부계 또는 모계로 알고 있다. 나는 이 커피 교배종의 계통에 대해서는 잘 모른다.

까뚜아이

중미나 남미산 커피를 로스팅하다 보면 틀림없이 상당히 많은 까뚜아이를 만나게 될 것이다. 이 품종은 노랗게 익는 열매와 빨갛게 익는 열매가 달리는데 어떤 것이든 많은 생산량, 비바람에 대한 적당한 저항력, 좋은 품질을 바라는 생산자에게 만족스런 품종이다. 20세기 중엽 브라질에서 개발되었으며, 문도 노보와 까뚜라의 교배종인데, 나무 형태와 음료 특성 모두 까뚜라와 유사하지만 음료의 여운은 살짝 메마른 느낌이 든다.

모카

좀 더 진귀한 품종으로 모카가 있다. 모카는 원산지가 분명하지 않은데(예멘과 자바 모두 후보다) 커피콩, 꽃, 열매 모두 작다는 것이 분명한 특징이다. 현재 알려진 아라비카 계통 중에서 커피콩이 가장 작다. 나는 모카를 맛본 적이 별로 없어서 명확한 특성을 잡아내지 못하지만, 적절한 환경에서 자란 모카의 품질이 좋다는 말은 수도 없이 들었다. 내가 커핑한 모카는 기분 좋은 쓴맛이 있는 네덜란드 코코아 느낌에서부터 부드럽고 달콤한 보스크 배 느낌까지, 풍부한 느낌이 나는 커피였다. 아직은 구하기 매우 어렵지만 맛을 본다면 모카만의 특별한 맛을 경험하게 되리라 믿는다. 고객들 역시 분명 몇 가지 느낌을 말해줄 것이다. 로스팅 방식을 약간 바꿔야 할 가능성이 있지만, 고르게 볶기는 쉬운 편이다.

SL-28, SL-34

전 세계적으로 케냐 커피를 향한 광풍이 몰아치고 있기에, SL-28과 SL-34를 하나로 묶어 살펴보겠다. 이 품종은 케냐 밖에서도 찾을 수 있다. 엘살바도르에 유명한 생산자들이 있고 중미에도 몇몇이 키우긴 하지만, 아직은 드물다. 두 품종은 케냐 커피의 핵심을 이룬다.

간단히 말하자면, SL은 1930년대에서 60년대까지 품종 개발 부문에서 많은 작업을 해온 케냐의 커피 연구 기관인 스콧 연구소 이름이다. 이 연구소는 터질 듯한 신맛을 지닌 커피를 찾으면서 커피에서 자연 생성되는 인산에 초점을 맞추었고, 예멘과 레위니옹 섬에서 채취한 모카와 부르봉 종에 기반해 연구 개발을 해왔다. 연구소에서는 개발 품종마다 번호를 붙였는데, 현재 가장 유명한 것이 바로 28번 선택종과 34번 선택종이다.

SL-28의 새순은 밝은 연두색으로, 음료는 부드럽고, 핵과를 연상시키며, 크림 느낌에 꽃 향이 나는 것으로 알려져 있다. 둘 중 좀 더 섬세하다.

SL-34의 새순은 청동색이며 귤에 가까울 정도의 강한 맛에 다크초콜릿 느낌이 든다.

다른 커피에 비해 케냐 커피를 더 특별하게 만들어주는 요인이 무엇인지는 확실하지 않다. 물에 파치먼트를 담가두는 시간과 발효 단계가 긴 것이 원인이 아닐까 생각하는 사람들이 많지만, 등급 분류 과정이 엄격하기 때문이라는 이도 있고, 경쟁력 있는 옥션 덕이라는 이도 있다. 다만 최고급 케냐 커피를 논하며 이 두 품종의 우수성을 무시하는 건 현명하지 못하다.

떼끼식

흔히 "개량 부르봉"이라고 부르는 떼끼식은 1950년대에서 1970년대 사이 엘살바도르 커피 연구소(ISIC)에서 개발했다. 떼끼식은 합성어로 나우아틀어에서 '작업'을 의미하는 '떼끼띠'에 연구소 이름인 'ISIC'을 결합한 이름이다. ISIC은 집단 선발이라는 방법으로 부르봉 종에서 이 품종을 개발했다. 생산량, 품질, 나무 건강 면에서 좋은 나무를 선발해 그 씨앗을 거둔 뒤 이들을 심어 다시 선발하는 과정을 여러 번 거치는 방식이다. 왜 품종 개발에 30년씩 걸리는지 알

만하다.

떼끼식은 원산지인 엘살바도르에서 주로 많이 기르지만, 예외가 있으니, 바로 그 이름도 유명한 과테말라의 엘 인헤르또이다. 엘살바도르에서 대를 이어 온 생산자들은 자신들의 농장이 부르봉 100%라고 말하지만 떼끼식이 가진 혈통상의 이유로 대다수 농장에서는 사실상 떼끼식과 부르봉을 함께 키운다.

떼끼식은 음료 맛이 부르봉과 유사하다. 달콤한 갈색설탕, 네덜란드 코코아 느낌이 들지만 부르봉에 비해 여운이 짧고 급작스럽게 끝난다.

까뚜라

까뚜라는 부르봉의 자연 변종으로, 브라질에서 처음 발견되었고 부르봉과 음료 특성이 거의 같다고 알려져 있다. 부르봉에 비해 나무 크기는 더 작고, 바람에 더 잘 견딘다. ISIC에서 떼끼식을 생산했던 것처럼, 브라질의 깜뻬나스 농업연구소(IAC)에서도 집단 선발법으로 까뚜라 선택 작업을 진행했다.

까뚜라는 향미가 상당히 복합적이다. 체리 향에서부터 감귤까지, 다크초콜릿에서 캐러멜까지 다양하게 나타난다.

빠까스

빠까스를 두고 '엘살바도르의 까뚜라'라고 슬쩍 운만 떼도 엘살바도르 친구들이 꽤나 화를 낼 테니, 그렇게는 설명하지 않겠다. 빠까스는 까뚜라와 마찬가지로 부르봉의 자연 변종이고, 까뚜라처럼 한 개의 유전자가 변이(일반적으로는 "왜성"이라 알려져 있음)한 것으로, 나무 크기가 작다. 키가 작은 특성 덕분에 엘살바도르의 악명 높은 강풍 지대에서도 재배할 수 있다.

빠까스는 엘살바도르 산따 아나에 있는 빠까스(여기서 이름을 따옴) 집안의 농장에서 발견되었다. 10년쯤 뒤에 ISIC에서 집단 선발을 시작했고, 현재는 엘살바도르 커피의 4분의 1은 빠까스 품종이다. 엘살바도르와 온두라스에 많다.

Chapter 18

품종과
음료 특성

노란색 열매의 빠까스 품종을 알레한드로 발리엔떼가 들어 보이고 있다. 엘살바도르 산 미구엘 처리장

마라고지뻬(그리고 빠까마라와 마라까뚜라 / 마라까뚜)

빠까마라, 마라까뚜라 / 마라까뚜는 모두 마라고지뻬에서 나온 품종이다.

앞서 한 개 유전자가 변이해서 왜성종인 까뚜라와 빠까스가 나왔다고 했는데, 마라고지뻬는 티피카에서 한 개 유전자가 반대로 변이한 것으로, 19세기에 브라질에서 발견되었다. 나무, 잎, 열매, 커피콩 모두 거대하다.

이 나무의 키가 너무 거대해서, 엘살바도르의 ISIC에서는 수확을 쉽게 할 수 있도록 마라고지뻬와 빠까스를 교배시켜 빠까마라를 만들어냈다. 이 품종은 종이 안정적이지 않아서 때때로 마라고지뻬, 심지어 빠까스로 퇴행한다. 참고로 ISIC는 두 단어를 합쳐서 좀 더 귀여운 단어로 만드는 것을 좋아한다. 예를 들어 마라고지뻬와 까뚜라를 결합한 것은 마라까뚜라가 되었다('마라까뚜'라고도 한다).

이 품종에서는 재미있을 정도로 큰 커피콩이 나온다. 보관과 운송에 신경을 써서 자칫 손상되기 쉬운 맛의 특성들을 지킬 수 있다면, 귤과 자몽 느낌이 매우 강한 생생하고 활발한 느낌의 커피를 맛볼 수 있다. 지금껏 마셔본 가장 인상적인 빠까마라는 건조장에서 갓 나온 빠까마라였고 가장 실망스러웠던 빠까마라는 3개월 뒤 배를 타고 온 바로 그 빠까마라였다. 빠까마라도, 다른 대형 커피콩과 마찬가지로 모두 고르게 볶기 어렵다. 그래서 바깥쪽은 잘 로스팅이 됐는데 중심부는 덜 발현되는 경우가 종종 있다.

19

Chapter 19
EKCG

EKCG

특출난
커피 산지

일하다 보니 특정 산지들을 더 좋아하게 됐다. 이유야 여러 가지 댈 수 있지만, 결국 매번 최고 품질의 커피를 생산하는 아래 네 곳의 지역들을 신뢰하기 때문이다. 이런 말을 한다고 여기 말고 다른 곳에서는 더 좋은 커피를 찾지 못한다거나, 앞으로도 찾을 수 없다는 말은 아니다. 단지, 현재 이 네 곳의 커피들이라면 다양하고 탁월한 커피 음료를 실패 없이 만들 수 있는 게 사실이다.

사람들이 많이 하는 질문 중 하나가 최고의 커피를 생산하는 곳이 어디냐는 것이다. 하지만 전 세계에는 2500만에 달하는 커피 생산자가 있고, 최고의 커피를 가려내기란 거의 불가능하다. 그런 질문을 받으면 보통 "오, 다 좋죠!" 라고 답하는데, 조금 있어 보이고 싶을 때는 보충 설명을 덧붙인다. "어떤 나라의 최고 커피는 다른 나라의 최고 커피만큼 좋답니다" 식으로 말이다. 동의할 사람이 있으면 좋겠는데, 나는 아래 네 나라가 커피 품질 면에서 확실히 우위에 있다고 본다. 바로 에티오피아, 케냐, 콜롬비아, 과테말라이다. 앞머리 글자만 쓰면 EKCG가 된다.

에티오피아

에티오피아가 리스트 첫머리에 있는 건 당연하다. 아라비카 종의 원산지인 것이 거의 확실하거니와, 특유의 맛이 나는 훌륭한 커피를 생산하는 지역이 여럿 있다. 예가체프의 감귤 느낌과 꽃 느낌에서부터 시다모의 달콤함과 꿀 느낌, 하라의 초콜릿 같은 내추럴 커피까지 다양하다. 하라의 경우 진정 훌륭한 내추럴 커피를 찾을 수 있는, 전 세계에 몇 안 되는 지역이다(다른 지역으로는 예멘과 브라질 세하두가 있다).

노르딕 어프로치의 모튼 웨너스가드는 에티오피아를 "매우 다채로운 곳, 지역마다 고유한 재배종이 있고 재배 환경도 다양한 곳"이라고 말했고, 커피 매뉴팩토리의 크리스 조던은 "에티오피아 커피의 향미는 완벽하다. 우리가 커피라고 부르긴 하지만 다른 모든 커피들은 에티오피아의 불완전한 복제품 같은 느낌이다"라고 읊었다.

에티오피아 생두는 다른 지역의 생두에 비해 품질이 오래 유지되는 편이다. 시간이 지나면서 좀 약해지긴 해도, 단맛과 감귤 느낌, 꽃 느낌은 꽤 오래 지속된다. 스위스 워터 사의 마이크 스트럼프도 이에 동의하며 "에티오피아 커피는 시간이 지나면 향미가 떨어지기는커녕 더 나아지는 기묘한 특성이 있다. 어떻게 그럴 수 있는지는 모르겠지만"이라고 말한 바 있다. 수입업자의 판매 리스트에 수세식 에티오피아는 절대 빠지지 않는 품목이다. 블렌드나 에스프레소에 넣으면 고귀한 느낌이 더해질 것이고, 싱글 오리진으로서도 듬직하다.

그런데 에티오피아 커피가 대단한 것은 단지 음료의 맛 때문만은 아니다. 크리스 조던은 에티오피아를 방문하고 나서 선언하기를 "커피도 좋지만 그곳의 문화는 정말 끝내준다. 음악, 예술, 음식, 자부심 강한 사람들까지 모두 다 좋다. 커피는 야생에서 아름답게 자라고, 에티오피아 사람들은 다른 어떤 나라보다 커피를 많이 마시고 또 즐긴다. 그들의 커피 세레모니는 커피가 무엇이고 또 어때야 하는지를 잘 보여준다"고 했다.

Chapter 19
EKCG

에티오피아 커피 세레모니

주된 느낌: 생강 – 라임에이드

케냐

전문 커퍼로서 16년차에 접어들자, 농장이나 수세 처리장, 여러 가지 건조 과정, 건조 처리장, 현지 창고 등에서 품질 관련 문제가 발생하면 반드시 해당 커피에 그로 인한 특정 향미가 나타난다는 것을 알게 되었다. 나는 최상의 품질을 가진 커피에서도 가공 과정에서 작은 실수가 있었다는 느낌을 감지할 때가 자주 있다. 훌륭한 커피를 만들기 위해서는 참으로 많은 단계를 거쳐야 하기 때문이다. 한 사람이 전 과정을 다 관장할 수 없다. 그래서 단체가 필요하고 공급망 각 단계별로 신뢰가 필요하다. 그럼에도 실수는 불가피하게 발생한다.

그런데 케냐 커피는 거의 늘 완벽하다. 케냐 커피는 잘 익은 체리만을 깔끔하게 처리해, 전문적으로 정제하고, 노화되지 않도록 포장한다. 케냐를 커핑해보면 내가 늘 산지에서 찾고자 하는 단맛, 향미, 바디가 한 단계 증폭된 느낌이다. 단맛은 캐러멜, 꿀, 노란 건포도 느낌이 탄탄히 받쳐준다. 케냐 커피의 밝은 신맛은 탠저린에서 카시스에 이르는 다채로운 향미를 보여준다. 게다가 마무리는 꽃이나 베르가못 느낌이다. 바디는 언제나 어마어마하고 복합적인 향미가 사라지지 않는다.

다른 바이어들과 커피 이야기를 하다 보면 '깔끔함cleanliness'이란 단어를 정말 많이 사용했는데, 이 말은 커피콩과 그 커피콩을 배출한 떼루아의 고유한 향미와 품질을 지켜내기 위해 들어간 정성을 설명할 때 효과적인 용어이다. 케냐 커피야말로 이 깔끔함이 넘쳐난다. 알레코 치고우니스는 이렇게 말한다. "케냐 커피는 공을 많이 들여서 좋다. 다른 어떤 산지도 케냐처럼 커피를 깔끔하게 만들지 못한다. 이곳 사람들이 만들어낸 탁월한 향미는 국경을 넘어도 그대로다. 훌륭한 향과 잘 익은 열매의 정수가 들어 있다."

어째서 케냐 커피가 이렇게 특별한가는 논쟁거리이다. 케냐 나이로비에 있는 도르만 커피에서 트레이더 및 커퍼로 일했던 멧-마리 한슨은 몇 가지 요소를 묶어서 설명했다. "케냐는 예로부터 NGO부터 수출업자에 이르기까지 여러 교육과 지원이 집중되던 지역이다. 그래서 생산자들이 협동 조합을 통해 훈련 프로그램을 접하기 쉬웠다. 또한 고도가 높고, 토양 조성 또한 커피 재배에 매우 적합하다."

알레코는 가공 방식에 점수를 더 주는 편이다. "전 산업을 통틀어 가장 섬세하다. 두 번 발효하고 두 번 씻어내며 물에 담갔다가 두 번 말리는 과정들 모두가 케냐 커피에 큰 영향을 주는 것 같다. 그리고 특별한 SL 품종을 쓴 데다가 세심한 가공 방식까지 더해져서 독특하고 강력한 향미를 가진 케냐 커피가 만들어진다."

케냐 커피를 특별하게 만드는 것이 무엇이건 간에 케냐 커피가 가진 강력한 향미는 주목할 만하다. 알레코 왈, "에티오피아 커피가 미묘한 향을 가진 고급 부르고뉴 와인이라면 케냐는 아주 호사롭고 풍부한 보르도 같다. 에티오피아가 미묘한 향의 비밀을 풀고 싶어 하는 사람들에게 적합하다면, 케냐는 거부할

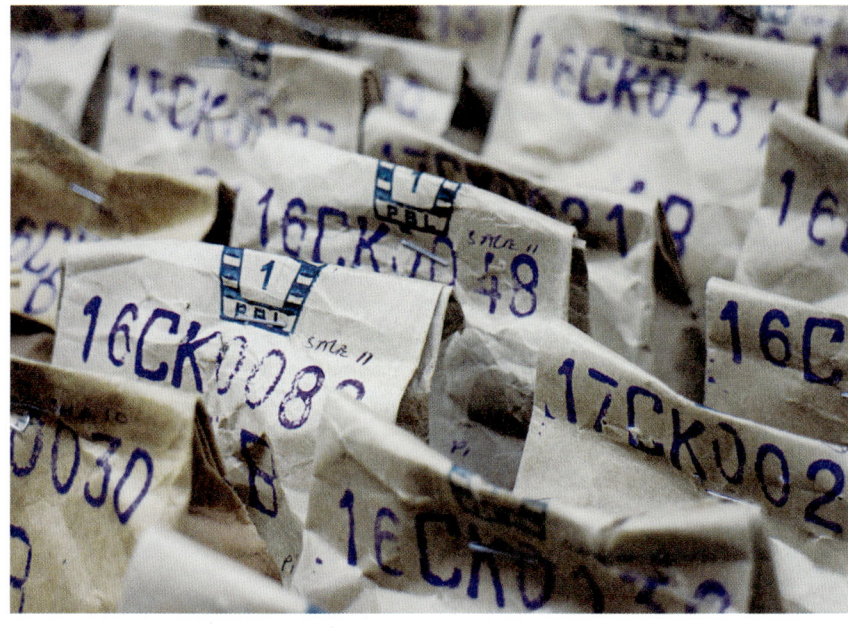

여러 가지 옥션 샘플. 케냐, 도르만 사.

수 없는 향미 경험을 원하는 사람에게 딱이다."

멧-마리는 간단하게 표현한다. "맛을 볼 때마다 미소가 사라지지 않는다. 정말 놀라운 커피니까."

주된 느낌: 감귤, 블랙베리

콜롬비아

일단 눈을 감자. 그리고 다른 모든 산지의 향미 특성을 다 갖고 있는 산지를 그려보자. 자, 눈을 뜨자. 당신이 상상한 곳이 바로 콜롬비아다. 콜롬비아는 수십 년간 대대적인 마케팅을 통해, 커피 세계에서 특별한 평판을 누려왔다. 여덟 살짜리 아이에게 커피 산지 한 군데를 말해보라고 한다면 십중팔구 콜롬비아라고 대답할 것이다. 그런데 이런 홍보가 가져온 역효과 때문에 시장에는 저품질 콜롬비아 커피가 넘쳐나고 있다.

그렇지만 콜롬비아는 특유의 향미 프로필과 다양한 가공 방식이 있는 거대한 보물 창고이다. 북쪽의 대형 농장에서부터 우일라의 기업형 중형 농장, 까우까의 소규모 농장에서 다양한 커피가 생산된다. 내가 가본 것만 이 정도이다. 내가 맛본 콜롬비아산 커피 샘플 몇 가지만 말하자면, 달콤한 감귤 느낌이 도는, 에티오피아 수세식 시다모 같은 커피, 탠저린 오렌지에 블랙베리 느낌이 풍부한 케냐 같은 커피, 단맛이 나는 유칼립투스와 복숭아가 연상되어 온두라스 산따 바바라 같은 커피, 바닐라와 커런트 향이 맴돌아 브룬디 카얀자를 연상시키는 커피, 갈색설탕과 향신료 느낌이 나는 마치 과테말라 안띠구아 같은 커피도 있었다.

다른 바이어들도 같은 느낌이라고 말한다. 아틀라스 임포터의 크리스 데비이드슨은 "콜롬비아의 다양한 향미 프로필은 언제나 환상적이다. 지역이 인접해 있어도 그렇다"라고 말한다. 크리스 조던은 "안데스 산맥과 엄청난 지역적 다양성으로 인해 환상적인 미시 기후가 나타나고 그만큼 향미도 다양하다"고 말한다. 모튼 웨너스가드도 한마디 했다. "지리와 미시 기후 덕에, 같은 국가 안에서도 완전히 다른 산지 특성이 나타난다."

이 정도만 해도 콜롬비아를 최고 산지로 꼽기에 충분하다. 그런데 이것이 전부가 아니다. 콜롬비아는 거의 연중 내내 훌륭한 커피를 생산한다. 커피와 관련된 지식과 관계를 쌓기 위해 시간과 에너지를 충분히 투자할 수 있는 바이어라면 콜롬비아가 제격이다.

주된 느낌: 초콜릿, 체리

과테말라

과테말라 커피 협회, 아나까페는 여러 커피 지역과 지역별 커피 특성을 홍보하기 위해 많은 노력을 기울여왔다. 과테말라 커피 또한 향미가 다양하지만, 내 생각에 과테말라의 가장 큰 특성은 수많은 부침 속에서도 훌륭한 품질의 커피를 지속적으로 생산해왔다는 점이다. 여기 나와 있는 다른 산지와는 달리, 과테말라 커피의 향미는 아주 독특하다거나 이국적인 특징이 뚜렷하게 두드러지지 않는다. 하지만 놀라운 균형감, 농익은 신맛, 은은하면서도 숨길 수 없는 과일, 향신료의 화사한 느낌, 갈색설탕 느낌이 나는 지속적인 단맛이 당신을 사로잡을 것이다.

과테말라의 향미 스펙트럼에 반한 바이어들은 많다. 마이크는 "과테말라 커피의 폭넓은 향미에 놀라지 않은 적이 없다"고 했으며, 크리스 조던은 과테말라가 "아마도 지역적 향미 특성이 가장 독특할 것"이라고 말했다. 그는 안띠구아, 우에우에떼낭고, 아띠뜰란, 프라이하네스, 산 마르꼬스에 대해서는 따로 "이 커피들은 필요한 향미는 다 갖추고 있는 데다 지역적 특성까지 가지고 있다"고 말했다.

크리스 데이비드슨은 우에우에떼낭고 고지대에서 상당히 많은 작업을 했는데, 이 지역 소규모 생산자들이 혁신적인 방법으로 훌륭한 커피를 만들어내는 재능이 엄청났다고 회상한다. "과테말라에서 가장 매혹적인 점은, 소규모 생산자들이 이론적으로는 절대 고품질 커피가 나올 수 없는 열악한 환경에서 88점짜리 멋진 커피를 만들어낸다는 데 있다. 그들은 아주 드문드문 심은 30년이나 된 볼품없는 부르봉 나무에서 체리를 따서, 손으로 돌려야 작동하는 구식 과육 제거기를 사용해 껍질을 벗긴 다음, 차가운 날씨와 높은 습도를 극복하기 위해 플라스틱 바구니나 나무 박스에 바나나 잎을 덮어서 서른 시간씩 발효를 한다. 한마디로 정말 경이롭다."

주된 느낌: 갈색설탕

20

그리고
또 다른 곳들

**그 외 뛰어난
커피 산지**

앞 챕터에서는 커피 재배지 중 가장 특출난 네 나라만 꼭 짚어 열심히 칭찬했다. 그러나 아마도 당신은 더 많은 커피가 필요할 테고, 그러니 공급처를 더 찾고 싶을 것이다.

사실, 여전히 나는 에티오피아, 케냐, 콜롬비아, 과테말라의 커피가 다른 나라 커피보다 낫다고 본다. 그렇지만 이 나라들에서 나오는 최고급 커피와 쌍벽을 이룰 만한 커피가 나오는 훌륭한 지역 역시 많다.

르완다, 브룬디

악명 높은 '포테이토 디펙트'에 발이 묶이지만 않았어도 이 두 나라는 정말 훌륭한 커피로 EKCG 목록에 포함됐을 것이다(한 나라만 고르라면 나는 브룬디에 걸겠다). 그런데 이 악명 높은 병 때문에 두 나라는 발이 묶였다. 두 나라의 커피 모두 달콤한 바닐라, 맛있는 건포도, 그리고 때로는 히비스커스를 연상시킨다.

그리고 정말 좋은 브룬디 커피는 다크체리, 향신료, 화사한 산미 같은 복합적인 피노 누아 와인의 특징을 갖고 있다. 수세 처리장은 인근 소규모 생산자들의 커피를 한데 모아 처리하고 케냐처럼 긴 시간 발효 후 물에 담그는 과정을 거친다.

주목할 만한 지역: 르완다 부타레, 브룬디 카얀자(두 지역은 차로 45분 거리라서 일정을 함께 짜기 편하다. 국경을 넘어갈 때 지체되는 경우만 없다면)

온두라스, 엘살바도르

중미 커피에 대해 말할 때 자주 쓰는 표현 가운데 '무해하다'는 말이 있다. 그렇게 호소력 넘치는 지지 선언으로 들리지 않겠지만, 최고의 커피 산지 생산자들도 그런 '무해한' 경지에 도달하지 못하는 경우가 있다. 엘살바도르와 온두라스는 좋은 품종들을 기른다. 엘살바도르에는 부르봉, 빠까스, 떼끼식이 넘쳐나고 온두라스에는 까뚜라, 부르봉, 까뚜아이, 빠까스, 티피카가 섞여서 자라고 있다. 이 두 나라는 토양도 비옥하고 경작 기술도 훌륭할 뿐만 아니라 수세식 처리가 주를 이루고 있어서 좋은 커피를 생산하는 곳이 많다. 몇몇 곳은 항상 90점 이상 품질의 커피를 생산한다. 나 또한 처음으로 온두라스 산따 바바라 커피를 맛본 이후로 인식이 크게 달라졌다. 이 커피는 균형이 잘 잡혀 있고 깔끔하며 과일 향이 풍부하고 기분 좋은 유칼립투스 느낌이 났다. 그리고 엘살바도르 산따 아나 화산 정상부에서 생산한 완벽하게 잘 익은 커피보다 더 풍부한 과일 펀치 느낌을 가진 커피는 존재하지 않는다.

주목할 만한 지역: 온두라스 산따 바바라, 엘살바도르 산따 아나, 엘살바도르 메따빤

코스타리카, 파나마

수십 년 동안, 코스타리카와 파나마는 그리 흥미를 끄는 지역이 아니었다. 생산량도 많지 않았고 무엇보다 여러 커피들을 한데 섞어서 처리하고 생산하는 방식이라 주목할 만한 특성이 없었다. 그런데 그런 파나마와 코스타리카에 마이크로 밀이란 개념이 자리를 잡았고 파나마에서는 게이샤가 발견됐다. 아시엔다 라 에스메랄다 농장이 게이샤 커피로 2000년대 초반 베스트 오브 파나마의 심사위원들을 매혹시킨 뒤로 이웃 농장들도 이 품종을 심기 시작했고 종종 흥미로운 결과물을 내놓는다.

코스타리카의 발전은 더 주목할 만하다. 이 나라는 오랫동안 지역마다 있는 대형 처리장에서 소규모 생산자의 열매를 도매로 사들이는 시스템을 유지했으나, 최근 들어서는 소규모 생산자들이 직접 자신들의 커피를 처리하고 판매까지 한다. 코스타리카 역시 미시 기후와 극소형 떼루아가 매우 다양하기 때문에 여러 가지 독특한 음료 프로필이 나타났다. 여기다 이런 점들을 면밀하게 분석하고 시장에 제대로 홍보하고자 하는 수출업자들까지 출현했다. 바이어 입장에서는 완전히 새로운 산지가 등장한 것이나 다름없다.

주목할 만한 지역: 코스타리카 따라수, 코스타리카 치리뽀, 파나마 보케떼

에콰도르, 페루, 볼리비아

이 커피 산지들은 사실 너무 넓어서 한데 묶어 설명하는 것은 말이 안 된다. 그렇지만 국경이 붙어 있으니 여기서는 묶어서 설명하겠다. 이 커피 산지들은 예나 지금이나, 그리고 앞으로도 변함없이 뛰어난 커피들을 생산할 능력이 있다. 그러므로 제대로 된 생산자를 찾기만 하면 된다.

주목할 만한 지역: 볼리비아 까라나비, 페루 꾸스꼬, 에콰도르 꾸이또

여기서 멈추지 말자. 이곳들은 그저 내가 주목하는 지역과 산지일 뿐이다. 당신은 당신만의 산지를 발견하고 그 지역들을 더 깊이 파고들어야 한다.

21

제철

제철이란 무엇인가?
커피의 제철은
언제인가?

내가 피츠 커피에서 일하던 시절, 원두는 매우 신선해야 하지만 생두는 1년 내지는 2년도 끄떡없다고 들었다. 아닌 게 아니라 그 단단한 생두를 보니 그 말이 그럴듯해 보였다. 사실 피츠의 창립자, 알프레드 피트는 의도적으로 커피를 개방형 창고에 3-5년간 보관해서 약초, 말린 목재 같은 맛을 가진 "숙성" 커피를 만들어보려 했던 것이지만 결과적으로 사람들로 하여금 생두가 '영원 불멸'하다는 생각을 갖도록 만든 셈이다.

그 뒤, 피츠에서 배웠던 다른 여러 지식들과 마찬가지로 생두의 신선함에 대해서도 다른 관점을 갖게 되었다. 커피에서 '제철'이라는 말은 생두가 얼마나 신선한지, 또 어느 정도까지 신선해야 하는지에 대한 기준을 세우고자 하는 하나의 시도이다. 이런 제철 기준을 만들고자 하는 시도들은 대개 주기적으로 반복되는 수확기와 관련이 있다. 예를 들어, 어떤 로스터는 수확한 지 6개월이 지나지 않은 생두라면 무조건 '제철'로 칠 것이다(6개월이 아니라 9개월일 수도 있고, 12개월일 수도 있고, 뭐 잣기 나름이다). 어떤 로스터는 해당 산지에서 햇커피를 생산하지 않는 한 계속 제철이라고 말할 수도 있다.

이런 기준은 너무 부정확하고 임의적이다. 수확한 지 3개월밖에 되지 않았지만 맛이 떨어지고 특성이 사라졌다면, 아니 훨씬 더 심각한 경우 종이 맛이나 묵은내가 날 수도 있는데 그럼에도 '제철'이라는 표현을 써서 메뉴에 올리는 것이 정당할까? 반면 수확 후 12개월이 지났지만 여전히 생기 넘치고 깔끔하면서 오래된 느낌이라곤 전혀 없는 커피에게는 이 기준이 너무 과할 수 있다(에티오피아와 케냐 커피에 경의를 표한다). 나는 신참 시절에 산지 수확표와 그에 기반한 제철 달력을 그려본 적이 있다. 하지만 나는 결국 시간에 대해서는 그냥 잊어버려야 한다는 것을 깨달았다. 왜냐하면 시간이라는 기준으로 커피를 평가하려는 시도는 핵심을 벗어난 것이기 때문이다. 우리가 제철을 따지는 이유는 바로 커피 품질 때문 아닌가.

커피란 음료 맛이 생동감 있고, 구조감 있는 신맛이 느껴지며, 묵은 느낌(종이, 포대, 떫은 맛 등)이 전혀 없는 한 제철이라고 봐야 한다. 이보다 더 복잡하게 얘기할 필요 없다. 커피에서 '제철'이란 말은 본질적으로 '수명'이라는 뜻이다.

상품마다 제철은 다르다. 또한 커피의 제철을 정의하는 데 기여하는 요소는 여러 가지다. 커피콩의 완전성 외에도, 건조 방식(내가 보기에 커피의 제철에 관한 한 가장 영향을 많이 끼치면서 향상 가능한 요인은 바로 이것이다), 현지 보관 방식과 도착지에서의 보관 형태가 커피의 수명에 큰 영향을 미친다.

자, 그럼 제철의 기준과 용법에 대해 이런 혼란스러운 상황을 야기한 주범은 누굴까? 바로 로스터들이다. 도대체 왜 그랬을까? 여기 두 가지 이유가 있다.

1. 구매 편의성 때문이다. 로스터는 여러 나라에서 조금씩 커피를 들여온다. 그러므로 재고를 짧게 보유하는 구매 정책은 자연스러운 대비책이다. 이것을 나쁘다고 할 이유는 없다. 아니, 사업 규모가 충분히 커서 산지 이곳 저곳에 돈을 흩뿌리고 다닐 정도라면 나도 이 방식을 권장한다. 그건 다음 이유로 넘어가서 얘기할까 한다.

2. 대형 로스팅 업체는 소형 로스팅 업체에서 1번 방식을 고수하기 어렵다는 것을 안다. 소형 로스팅 업체가 고용하는 바이어는 많아봐야 한 명(그나마도 전업이 아닐 수도 있는)이다. 대형 로스팅 업체는 전담 구매 팀이 있고 팀 구성원이 둘에서 여섯 명에 달한다(돌아다니는 바이어가 한둘, 그리고 커핑 담당자가 또 하나 있다).

제철이란 규칙을 만들어놓고 예외를 더 많이 둔다면 도대체 무슨 쓸모가 있을까? 오래되었지만 맛이 좋은 커피 한 줌, 그리고 비교적 최근에 수확한 커피지만 그다지 매력적이지 않은 커피가 한 보따리 쌓여 있는 상황이라면, 제철에 대한 기준과 규칙은 바뀌어야 하지 않을까?

당신이 취급하는 커피에 대해 잘 알아야 한다. 그리고 이 커피들이 시간이 지나면서 어떻게 변하는지 주의를 기울여야 한다. 예를 들어, 나는 에티오피아 커피와 케냐 커피는 수확한 지 아주 오래된 것이라도 별로 걱정하지 않는다. 내가 아는 한 로스터는 에티오피아 수세식 커피를 받는 데 운송 기간이 무려 1년이 넘게 걸렸다. 하지만 포대를 열고 샘플로 볶아봤더니 1년 전 맛보았을 때처럼 여전히 최고였다고 한다. 비슷한 이야기가 수도 없이 많다. 절대 기적 같은 이야기가 아니다.

반대로, 어떤 콜롬비아 커피는 처음 입고된 날 맛봤을 때는 산지에서 먹었을 때처럼 신선하고 훌륭했는데 그로부터 8-10주도 채 되지 않아 모든 장점이 빠르게 사라져버렸다. 다른 산지의 커피 또한 선적 전 품질을 유지하지 못하는 경우가 많다. 경험상, 수확이 끝난 후 습도가 높아지는 나라일수록 제철 기간이 짧아진다(이제는 법칙이라 불러도 될 정도다).

생두 얼리기

생두를 얼리면 확실히 좋다고 생각한다. 물론 얼렸던 생두로 로스팅하면 원두가 좀 더 빨리 상하긴 한다. 같은 이유로, 한번 얼었다가 녹은 생두는 일반 생두

보다 더 빨리 상한다. 나는 커피와 와인이 비슷하다는 식의 비교에 전적으로 동의하지는 않는 데다, 커피의 빈티지라는 개념도 좀 어색하다. 커피와 와인의 관계가 마카로니와 치즈 사이보다야 가깝겠지만, 그래도 커피는 커피지 다른 것과 비교는 곤란하다. 커피는 신선함이 가장 중요하니까.

만약 3-9개월 정도 커피를 얼려두고 싶다면, 그 기간 동안 기다려야 하는 것 또한 문제이다. 좀스럽게 보이고 싶진 않지만, 생두를 얼려서 보관하는 것이 경제적 부담을 무릅쓸 만큼 실용성이 있을까? 커피를 얼려 보관해주는 ICO 인증 창고는 없다(내가 알기로). 그러므로 커피를 현찰로 사서, 볶을 때까지 자기 돈으로 얼려두어야 하는데, 비용이 비쌀 것이 분명하다. 커피를 현찰로 사는 로스터는 많다. 돈이 있다면 당신도 그렇게 사는 게 좋다. 수입업체의 대출 조건은 가혹하니까 말이다. 그런데 거기다가, 냉동 보관 시설까지 만들고 유지해야 한다면 비용은 더 늘어난다.

냉장 창고 수가 갑자기 급증한다거나, 당신의 증조부가 대형 냉동고 수십 개를 유산으로 물려줄지도 모른다는 불확실한 미래를 가정하지 말자. 가능성 있는 미래만 바라보자(앞 챕터의 3-6-12 접근법을 참조하자).

4월의 88점보다는 2월의 86점이 낫다

한동안, 커피 구매는 명확해 보였다. 가능한 최고의 커피를 찾아 사는 것이었다.

이 말은 산꼭대기에서 천천히 익어가는 복합적인 신맛과 탄력 있는 단맛을 갖고 있는 커피를 찾은 후, 수확기까지 기다리는 과정을 의미하기도 한다. 이런 커피는 산지에서 커핑할 때 또는 돌아와서 구매 결정을 위해 커핑할 때는 환상적인 경우가 많다. 그러나 수확기까지 기다렸다 사야 할 경우 몇 가지 문제가 있다.

1. 커피가 자라는 열대 지역은 기후 특성상 비가 많이 올 가능성이 있다. 수확

Chapter 21
제철

기는 대개 건기이지만 수확기가 지나면 곧바로 우기가 닥친다. 우기에는 습도가 높아지는데, 축축한 주변 대기와 접촉하는 생두는 매우 나쁜 영향을 받을 수 있다.

2. 수확이 진행될수록 소규모 로트를 효율적으로 처리하기가 어려워진다. 그러면 수출 절차는 더뎌지고 기타 수속도 어려워진다. 그리고 다시 1번의 문제가 나타난다(컨테이너 선적 수출 비용은 고정이다. 가득 채워 보내건 비워서 보내건 무조건 수천 달러가 든다. 당신은 '반만 채워 보내도 괜찮아, 돈 다 내면 되지' 하는 마음일 수 있겠지만, 수출업자와 수입업자까지도 '시간과 공을 들일 가치 있다'고 생각해주길 기대하면 안 된다. 당신은 그렇게 할 수 있다고 생각하겠지만 그들을 납득시켜야 한다. 공급자와 관계를 좋게 이어가고 싶다면 좀 신중할 필요가 있다).

3. 컨테이너를 다 채울 만한 용량이 된다 한들, 건조장에서 다시 지연된다. 몇 달을 기다리는 건 다반사고, 그러면 결국 1번 문제가 발생한다.

당신이 고른 커피가 4월에 88점이었다면 8월이나 9월, 당신의 창고로 입고될 쯤에는 85점 내지는 83점일 가능성이 높다.

나는 2010년 1월, 중미 수확기가 시작되던 무렵에 좀 다르게 접근해보았다. 그 전해 4월과 5월에 골라두었던 88점과 90점짜리 커피가 있었는데, 4-5개월이 걸려 도착하고 나니 품질 점수가 2-5점이나 떨어져 있었고, 이래선 안 되겠다는 생각을 하던 참이었다. 나는 안띠구아에서 많은 양의 일일 샘플들을 커핑하고 있었다. 대부분 깔끔하고, 단맛 좋고, 맛이 꽉 차 있어서 만족스러웠지만 내가 찾고자 했던 수퍼 스타급은 없었다. 커핑 세션을 차려준 루이스 뻬드로 젤라야는 이제 더 좋은 커피가 올 거라고 장담했지만, 86점, 87점대 커피만 이어졌다. 물론 이 커피들이 캘리포니아에 도착했을 때도 맛이 지금처럼 좋다면야, 일반적인 조건으로 들어오는 커피보다 훨씬 좋긴 하겠지만.

이번 해에 안띠구아에서 사들일 커피 수량을 미리 셈해두었기에, 일단 절반을 바로 사들였다. 아직 시즌 초반이었던지라 수입업체는 2월 말 샌프란시스코 도착 일정을 짜주었다. 계획대로라면 2월에는 과테말라 뉴크롭 86점짜리가 회사로 들어올 예정이었다. 보통 중미발 커피 1차분을 받으려면 봄(때로는 여름)까지 기다려야 하기 때문에, 2월에 들어오는 커피는 가뭄에 단비나 다름없었다. 소식을 들은 공장 직원들은 두 팔 벌려 환영했다. 그리고 도착한 커피는 그 전년도 과테말라 커피보다 역시 훨씬 맛이 좋았다.

그 뒤로 계속 이런 방식을 해나가다 보니, 여기에서도 게임의 법칙이 하나 만들어졌다. 불변의 법칙까지는 아니지만, 2월에 86점짜리는 3월의 87점짜리, 5월의 88점짜리와 같거나 더 낫다. 물론 다 들어맞는 건 아니다. 첫째, 86점짜리가 필요하다면 12월에 84점짜리 커피는 사면 안 된다. 둘째, 중미 수확기가 아니면 이 법칙은 들어맞지 않는다(다른 산지에서도 수확기별로 유사한 법칙을 만들 수 있긴 하지만, 어쨌든). 셋째, 수출업자/수입업자가 믿을 만하지 않거나 운항 계획이 완벽하지 않은 상황이라면, 6월에 과테말라 창고에 머물러 있는 92점짜리 커피는 구매할 때 더 신중해야 한다. 이 법칙을 지키지 않을 경우, 대가는 분명하다. 다음 달 수확 예정인 눈곱만큼 더 좋은 커피 때문에 한 달을 더 기다려야 한다면, 그 커피가 도착했을 때 품질은 지금 당장 살 수 있는 커피보다 최소 0.5점은 더 나쁠 것이다.

22

커피 보관

생두
보관법

나와 일했던 콜롬비아 생산자들은 대개 소규모 생산자로서 보유 농장 크기는 8천-2만 제곱미터쯤, 나무 수는 수천 그루 정도였다. 이런 농장엔 대개 과일나무가 몇 그루, 그리고 닭이 열 마리쯤 있기 마련이다. 그런데 2010년 방문했던 콜롬비아 농장은 정말 컸다. 대략 300만 제곱미터는 됨 직한 면적이었는데 그 넓은 농장의 90%가 커피나무로 가득했다. 유기농 경작을 하는 농장으로 주로 부르봉과 티피카 종을 기르고 있었다. 이 농장에는 놀라울 정도로 다양한 품종을 보유한 '품종 정원'도 있었다(신기한 품종부터 탁월한 맛을 가진 품종까지 대략 50가지 정도가 자라고 있었다). 농장주는 열정이 가득한 사람이었다. 과거에는 중간급 품질의 커피를 목표로 했지만 곧 고품질 커피 생산에 관심을 가지게 되었다고 한다.

 그가 몇몇 전문 농학자의 조언을 받기로 한 자리에 나도 우연히 동행을 하게 됐다. 농장에 가보니 그는 이미 열매 선별 과정에 엄청난 개선을 한 상태였다. 예전에는 덜 익은 열매가 제법 섞여 있어서 실망스러웠는데, 이번에는 완벽하게 익은 것만 가득했다. 이런 성과를 내기 위해 그는 몇 가지 재미있는 경쟁을

케냐의 커피 창고

붙였다고 한다. 잘 익은 커피만 골라서 딴 수확인에게는 텔레비전, 오디오 등등을 경품으로 준 것이다.

물론 그렇다고 해서 모든 것이 다 생각대로 굴러가지는 않는다. 커핑에서도 향상된 점이 느껴졌지만 우리 기대처럼 2점이나 3점이 올라갈 정도는 아니었다. 우리는 품질을 위협할 수 있는 두 가지 문제를 바로 지적했다. 첫째, 과육 제거기가 생두를 너무 많이 손상시켰다. 커피콩에 상처가 나면 결국 음료에 영향을 준다. 둘째, 가공과 건조를 거치고 난 뒤 생두를 저장하는 창고의 온도와 습도가 높았다. 그 창고의 온도는 약 섭씨 21도에 습도가 거의 80%로, 커피콩이 안정적으로 유지되기에는 공기가 너무 축축했다. 이런 온도와 상대습도에서 커피콩은 편히 쉬지 못하고 활발하게 호흡한다. 마치 살아 있는 생물에 가깝다. 이렇게 활성화된 커피는 열매 상태로 나무에 달려 있는 것이나 마찬가지인데 실제로는 생두가 나무로부터 영양소를 공급받을 수 없기 때문에 결국 원두의 좋은 품질을 만들어줄 생두 내의 지방과 단백질을 호흡으로 다 소모해버린다.

Chapter 22
커피 보관

재배 환경에서 그 어떤 품질 향상 조치를 취해도 이 형편없는 저장 환경이 지속되는 한 아무 소용이 없다. 이런 저장 환경은 모든 커피에 영향을 미치기 때문이다.

'안정화'의 오류

누군가 커피에 대해 이런 이야기를 들려줄 수도 있다. 커핑 점수 표를 앞에 놓고 수출업자와 경험 많은 바이어가 이야기를 나누고 있다. 바이어는 커핑을 하느라 피곤한 상태인 데다 커피가 언제 목적지에 도착하는지 신경 쓰느라 정신이 좀 없다. 바로 이때 수출업자는 거래를 성사시키기 위해 은근슬쩍 운을 뗀다. "상상해봐요. 이 커피들이 조금만 더 안정되면 얼마나 더 좋아질지."

응? 안정(스페인어 reposo)이라고? 보통 안정이라고 하면 "쉬고 있는, 자고 있는, 편안한 상태"를 말하지만, 커피에서는 건조가 끝난 뒤 커피가 힘들었던 처리 과정에서 회복되는 약간의 시간을 말한다. 또는 스윗마리아 닷컴 Sweetmarias.com에서 표현한 것처럼, "파치먼트 커피를 건조한 뒤, 30-60일간 안정시키는 시간. 브라질의 경우는 더 길다. 커피의 수명을 위해 중요한 시간이며 파치먼트 처리/제거 전에 진행한다. 안정을 거치지 않은 커피는 장점이 사라지거나 포대 느낌이 나기 쉽다" 말하자면, 안정화는 생두를 쉬게 하고 조절하는 시간이다.

왼쪽 포대에 담긴 채 안정화 중인 커피(르완다), **오른쪽** 사일로에서 안정화 중인 커피(케냐)

하지만 이 주장은 커피가 "살아 있는, 호흡하는 유기체"라는 말을 너무 확대 해석한 것이다. 물론, 이렇게 세세한 부분까지 하나 하나 살펴봐야 하는 것인지 무척 피곤하게 느껴질 수도 있다. 그래도 지금까지 이 안정이란 말 뒤에 어떤 논리가 숨어 있는지 생산자, 정제인, 수출업자를 붙들고 물어본 결과, 결국 로트 내 생두의 수분이 고르게 퍼지는 과정을 이렇게 설명한다는 걸 알 수 있었다. 그러니까 그냥 건조 작업이다. 건조를 너무 빨리 진행하면 수분 분포가 불균일할 가능성이 크다. 이런 경우엔 당연히, 안정화 과정을 거치면서 로트 내 수분 분포가 개선되고 결과적으로 더 나은 음료가 나올 가능성이 크다.

잘 살펴보면, 이 안정화 과정을 옹호하는 지역의 상당수가 빠른 건조, 말하자면 3-7일 내 건조 작업을 하는 곳, 특히 기계 건조기를 쓰거나 더 뜨거운 환경에서 건조를 진행하는 곳임을 알 수 있다. 내가 가장 강조하고 싶은 말은, 기계 건조든 건조장 건조든, 건조기에서 커피를 빨리 꺼낼 생각만 하지 말고 건조되고 있는 커피의 품질에 초점을 맞춘다면 훌륭하게 건조를 해낼 수 있다는 것이다. 현실적으로 어떤 농장들은 커피를 제대로 천천히 건조할 충분한 공간과 기계 건조기를 갖추지 못했다. 그러다 보니 커피를 건조장이나 건조기에서 꺼내 포대에 담고, 선적되기 전까지 한데 모아 보관하는 것이 효율성과 생산 흐름 면에서 더 낫다. 공기가 통하는 포대를 쓴다면 보관 창고에서 편리하게 건조를 마칠 수 있다.

반면 남부 콜롬비아의 경우, 건조장이나 기계 건조기가 거의 없었는데, 내가 주기적으로 샀던 커피는 건조대에서 거의 2주일씩 건조를 진행한 뒤 바로 선적하는 상품이었다. 캘리포니아에 도착한 뒤 맛을 봤더니 건조대에서 꺼내 맛보았던 그 특성과 품질을 그대로 유지하고 있었다. 지금껏 샀던 커피 중에서 가장 꾸준하게 신뢰하며 주문하는 커피였다.

공급자로서는 건조가 끝난 뒤에도 커피 맛이 더 좋아질 수 있다는 희망을 가지고 싶을 만하다. 그렇지만 나는 그런 경험이 거의 전혀 없다. 모든 농장이나 처리장이 커피를 천천히, 거의 2주 가까이 여유 있게 말릴 만한 공간이나 노동력을 갖출 수 없다는 현실은 충분히 이해할 수 있다. 그러나 천천히 말리는 것과 안정적인 수분 함량, 안정적인 수분 활성도, 그리고 일정한 품질 사이에 밀접한 관계가 있음을 나는 똑똑히 경험했다. 안정화가 커피의 품질을 떨어뜨린다고는 말할 수 없지만, 산지에서 한 달 내지 두 달 더 시간을 끄는 과정은, 사양하고 싶다. 그 이유는 앞서 말한 적이 있다(2월 86점이 4월 88점보다 낫다고 했다).

# 23

포장

생두를
포장하고 운송하는
가장 좋은 방법

진공 포장은 가장 좋은 포장 방법이다. 수분과 공기를 막아주고 생두를 망치는 호흡을 느리게 해준다. 그렇지만 진공 포장은 가장 낭비가 심하고 값비싼 포장 방법이기도 하다. 파운드당 대략 15-25센트는 들어간다. 거기에 특수한 장비도 필요한 데다가, 이 작업이 대개 건조 처리장의 부수 작업에 속하는지라 병목 현상, 즉 지연이 일어나기 십상이다. 생산량의 99%를 포대에 담는 사람이라면, 진공 포장이 필요한 작은 로트 하나 때문에 전 과정을 늦춰야 하는 상황에 대해 어떻게 설명해야 할지 난감할 것이다. 물론 예외가 있다. 케냐의 도르만이나 콜롬비아의 비르맥스 같은 업체들은 대부분 진공 포장을 하고, 진공 포장에 대한 전문가들이다.

   진공 포장의 단점은 속도가 느리다는 게 끝이 아니다. 몇 년 동안 수출업자에게 내가 사는 커피를 진공 포장해달라고 설득해봤지만 결국 포기했다. 내 설득 덕에 몇몇 건조 처리장이 진공 포장의 가치를 알게 되기도 했지만 진공 포장은 일반적인 건조 처리장이 아무리 잘 돌아간다 한들, 작업 흐름 면에서 분명히 방해가 되고, 그 때문에 커피를 준비해서 선적할 때까지 시간이 계속 지연된다. 그 사이, 내가 산 소중한 마이크로 랏 커피는 그 축축한 환경에 오래 머무르게 되고, 품질은 천천히 떨어진다. 돌이켜보면, 진공 포장을 고집하다 재미를 못 본 기억이 더 많다.

반면에, 포대는 가장 저렴하고 손쉬운 포장법이다. 모든 건조 처리장들은 커피를 포대에 담는 작업에 익숙하다. 가장 많이 쓰이는 포대 재료는 저렴하면서도 재생 가능한 자원인 '황마'라는, 강하면서도 부드러운 식물 섬유이다. 그런데 이 황마 포대는 바깥 환경으로부터 생두를 보호하는 역할은 거의 하지 못한다. 포대엔 구멍이 숭숭 나 있고, 수분과 공기가 자유롭게 드나든다. 게다가 황마 자체가 유기 물질이라 썩을 수도 있고, 황마 냄새가 생두에 밸 위험도 있다. 이렇게 포대에 담아 수송한 커피는 도착했을 때 품질이 많이 떨어졌을 수 있다. 선적 컨테이너는 완전 밀봉은 아니므로, 커피는 대양 항해 중 기후 상황에 따라 고스란히 영향을 받는다.

자, 가장 완벽하게 봉인되는 진공 포장을 하려면 기다리는 동안 커피가 습윤한 환경에 노출될 위험이 있다. 포대 포장이었다면 즉시 포대에 담았을 텐데 말이다. 그런데 포대 포장은 과도한 습기나 황마 그 자체에서 발생하는 위험으로부터 생두를 전혀 보호해주지 못한다는 단점이 있다.

그래서 나는 대개 중간 방법을 선택한다. 그레인프로 백 또는 수분과 공기를 막아 커피를 보호해주는 비닐 내피를 넣은 포대를 쓰는 방법이다. 이 포대들은 대개 파운드당 5-10센트 비용이 들어가며, 건조 처리장에서 작업하기도 쉽다. 포장하는 사람은 그냥 포대 안에 비닐 안감을 넣으면 된다. 문제는 이 비닐을 확보하는 것이다. 이런 포대는 수확기만 되면 재고가 부족해 수급이 불안정하기로 악명 높다. 하지만 이 문제 역시 당신과 당신의 공급자가 미리 필요량을 예측해두면 해결할 수 있다. 그냥 '비닐 내피를 쓰겠다'라고 미리 알려주기만 하면 된다.

물론 잘된 진공 포장만큼의 보장은 어려울 것이다. 구매량이 많아져서 당신의 공급자가 진공 포장 기계에 투자할 마음을 먹는다 해도 그 기계를 능숙하게

Chapter 23
포장

사용하기까지는 상당한 시간과 노력이 필요하다. 이에 비해 내피를 외피에 넣는 작업은 거의 학습이 필요 없다. 음, 전에 그레인프로 백 안에 황마 포대를 넣어 생두를 포장하는 안타까운 장면을 본 적은 있지만 말이다.

24

결점두

**커피에
무슨 문제가
생긴 것일까?**

공급자와 유대가 돈독하고, 소통도 잘했다면 당신이 구매하는 생두에 의미 있는 영향을 미칠 수 있다. 그럼에도 샘플에 결점두가 나오는 경우가 있고, 때로는 (세상에나 이런 일이) 구매한 커피에서 결점두가 나올 수도 있다!

   스페셜티를 "모든 것이 특별해"라는 식으로 해석하면, 최고의 커피에 섞여 있는 결점두를 보고서도 이것 역시 특별한 커피 아닐까 하고 착각할 수 있다. 당신은 결점두를 구분할 수 있어야 하고, 이름을 알아야 하고, 이에 대해 공급자와 이야기를 나눠야 한다. 그래야 모두 발전할 수 있다. 이제 결점두의 몇몇 종류에 대해 공부하며 그것들이 커피 품질에 어떤 영향을 미치는지 알아보자.

생두 등급 분류

블랙

모양: 전부 또는 일부가 불투명하고 어둡거나 검은색 물질에 싸여 있다.

맛: 먼지, 곰팡이, 페놀(약, 아이오딘 같은 느낌, 매우 나쁜 맛)
원인: 과잉 발효, 너무 익어서 바닥에 떨어진 열매.
예방법: 완전히 익은 열매만 수확한다. 과발효를 피하고, 비중 차이를 이용해 분류하거나 하나하나 솎아낸다.

사우어

모양: 노란색 콩(또는 갈색조, 홍조가 있음)
맛: 시큼함, 과잉 발효된 맛.
원인: 수확기, 처리 과정 중에 오염된 경우, 너무 익은 열매를 땄거나 처리 중에 오염된 물을 사용한 경우.
예방법: 완전히 익은 열매만 수확하고 수확 후 가능한 빨리 처리한다. 발효 시간을 엄격히 지키고 발효 중에는 오염된 물을 쓰지 않는다.

곰팡이 피해

모양: 갈색에서 노란색에 걸친 변색(반점처럼 생기기도 하고 커피콩 전체로 퍼졌을 수도 있음)
맛: 발효된 느낌, 흙, 곰팡이.
원인: 가장 흔한 원인은 수확 후 보관 과정에서 곰팡이가 자란 것이다. 주변 환경의 곰팡이, 습도, 온도 요인이 적절히 결합된 결과.
예방법: 땅에 떨어진 열매는 제거한다. 벌레 먹은 콩, 일부가 떨어져나간 콩, 잘려나간 콩도 제거한다. 손으로 골라내거나 색상 분류 작업을 하면 곰팡이가 많이 핀 커피콩은 제거할 수 있다.

이물질

모양: 커피가 아닌 것, 나뭇가지, 돌, 뼈(설마), 손톱, 바위, 콘크리트 조각, 옥수수(이건 농담이 아님. 에티오피아 건식 커피를 많이 볶아봤다면 알 것임).
맛: 커피가 아니므로 정말 정말 다양한, 커피가 아닌 맛이 난다(게다가 이 물질들

Chapter 24
결점두

완전 블랙　　　　　부분 블랙　　　　　완전 사우어　　　　부분 사우어

상당수가 그라인더에 치명적이다).
원인: 이물질은 거의 모든 단계에서 들어올 수 있다.
예방법: 꼼꼼히 분류한다. 석발기나 자석을 써서 이물질을 제거한다.

마른 열매
모양: 생두 표면 대부분 또는 전부에 마른 껍질이 달라붙어 있다.
맛: 과육의 상태에 따라서 별 문제가 없을 수도 있고 과잉 발효된 느낌이 들 수 있으며, 곰팡이, 페놀 느낌이 들 수도 있다.
원인: 과육 제거가 신통치 않으면 열매가 그대로 빠져나올 수 있다.
예방법: 과육 제거 전에 열매를 물에 띄운다. 비중 분류로 골라낸다.

부서진 것, 잘린 것, 물리적으로 손상된 커피콩
모양: 위의 설명 외에, 노출된 부분이 산화되면서 검붉은 빛을 띠기도 한다.
맛: 오염 형태에 따라 흙, 먼지, 신맛, 발효 느낌이 들 수 있다.
원인: 대개 과육 제거기를 제대로 조절하지 않았기 때문이며, 때때로 건조 처리장에서도 발생한다.
예방법: 기기를 잘 조정한다.

| 곰팡이 | 이물질 | 마른 열매 | 손상된 커피콩 |

덜 익은 것(미성숙두)

모양: 노란빛이 도는 녹색, 색이 바래고 불투명하다. 반짝거리는 느낌의 실버스킨이 찰싹 달라붙어 있다.

맛: 메마른 느낌, 목재. 단맛이 부족하다.

원인: 덜 익은 열매를 땄기 때문이다.

예방법: 완전히 익은 열매만 수확한다. 물에 띄워보거나 비중 차를 이용해 덜 익은 열매를 골라낸다. 말린 생두를 스크린 분류한다.

시든 커피콩

모양: 주름져 있다. 표면이 말린 자두 같다.

맛: 풀, 밀짚 느낌.

원인: 나무에서 커피콩이 자라고 있을 때 물이 부족했던 경우가 일반적이다.

예방법: 커피콩이 자랄 때 알맞게 비료를 주고 커피나무의 건강을 살펴야 한다. 또한 과육 제거 작업 전 열매를 물에 띄워 분리하는 작업을 진행한다.

셸

모양: 커피콩 내부 또는 외부가 조가비 형태.

맛: 그슬린 느낌(셸은 로스팅 중에 열을 더 빨리 흡수함)이 난다. 이것만 아니면 본래 결점두는 아니다.

Chapter 24
결점두

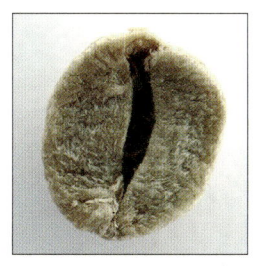
덜 익은 것

셸

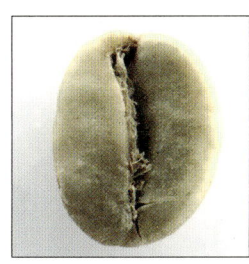
물에 뜨는 것

파치먼트

원인: 자연적으로 발생한다.
예방법: 분류.

물에 뜨는 것

모양: 흰색, 퉁퉁 불은 듯한 느낌, 색이 바랬다. 말 그대로 물에 뜬다.
맛: 심각한 문제는 아니지만, 커피의 주된 향미를 손상시킬 수 있다. 이런 경우가 아니라면, 때때로 발효 느낌, 흙, 곰팡이 느낌이 약하게 난다.
원인: 건조를 제대로 하지 못했거나 보관 환경에 습기가 많았을 경우에 발생한다.
예방법: 고르고 일정한 환경에서 건조. 건조한 환경에서 보관하고 비중 차 분류를 하면 좋다.

파치먼트

모양: 커피콩에 원래 있던 얇은 껍질이 조금 또는 완전히 감싼 상태.
맛: 나쁘지 않다.
원인: 건조 처리장 설비가 제대로 세팅되지 않았기 때문이다.
예방법: 건조 처리장의 탈곡기를 조정하고 관리한다. 비중 분류를 진행한다.

 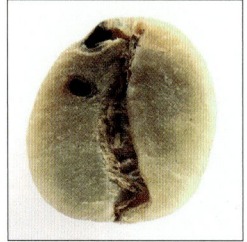  

껍질　　　　　　　　벌레가 조금 먹은 것　　　　벌레가 많이 먹은 것　　　　퀘이커

껍질

모양: 말린 열매 껍질 조각처럼 보인다.

맛: 먼지, 발효, 곰팡이가 연상되는 느낌이다. 내부에 수분을 많이 함유한 유기 성분 때문이다.

원인: 과육 제거기가 제대로 세팅되지 않았기 때문이다.

예방법: 과육 제거기를 재조정한다.

벌레 먹은 것

모양: 작지만 깊은 구멍이 난 것부터 아예 조각이 떨어져나간 것까지 있다.

맛: 상태가 매우 좋은 경우엔 느낄 수 없지만, 오염이 있으면 흙, 먼지, 시큼함 내지 과발효 느낌이 난다.

원인: 커피 씨앗을 먹이로 삼는 커피 보러가 열매부터 커피콩까지 파먹었다.

예방법: 비중 분류, 손으로 분류.

원두 등급 분류

퀘이커

모양: 색이 연하다. 같은 강도로 로스팅을 해도 다른 커피보다 색상이 옅다.

맛: 메마른 느낌, 목재, 쓴맛 나는 견과류 느낌.

Chapter 24
결점두

원인: 덜 익거나 제대로 성장하지 못한 커피콩.
예방법: 비중 분류.

대개는, 생두 샘플을 모두 등급 분류할 필요는 없다. 이 정도 수준까지 지원해 주는 연구실이 있다면, 100g에서 350g정도 생두를 채취해서(샘플 로스터 용량에 맞추면 편함) 샘플 안에 위에서 언급한 결점두가 몇 개쯤 있는지 세어보자. 로스팅 후에는 퀘이커 수를 세자. 이 결과가 어떻게 달라지는지 추적해보면 지속적으로 샘플 품질 관리를 하는 데 도움이 된다. 변화를 기록해두면 공급망에 특정 문제가 생겼는지 확인할 수 있다.

25

디카페인

**디카페인 커피를
구매할 때
알아둘 점**

디카페인 커피로 눈을 돌리기 전에, 이런 점들을 알아두는 게 좋겠다.

1. 나는 몇몇 커피 사업의 판매량을 살펴볼 기회가 있었다. 디카페인 커피 판매량은 보통 전체 대비 5% 정도였다.

2. 디카페인 처리 방법은 계속 발전해왔다. 카페인만 선택 제거하는 효율성과 해로운 화학 약제를 사용하지 않게 된 점 모두에서 그렇다. 카페인 자체는 향미에 별 영향이 없기 때문에, 향미가 떨어지지 않게 하는 핵심은 선택 제거 방법에 있다. 이 기술이 계속 향상되고 화학 약제를 쓰지 않는 방식이 점점 널리 퍼지고 있다는 점에서, 나는 앞으로 디카페인 커피 수요가 점점 많아질 것이고, 커피의 품질을 이해하고 좋은 품질의 디카페인 제품을 공급하기 위해 애써온 업체들에게도 곧 좋은 날이 오리라 본다.

3. 통스 커피 시절, 창업자 토니 콘크니는 디카페인 커피에 대해서 이렇게 말했다. "커피 매니아 다수가 디카페인을 폄하하고, 많은 업체들은 맛있는 디카페인 커피를 공급하기 위한 어떤 노력도 하지 않는다. 하지만 디카페인 커피를 마시는 사람들은, 단순히 카페인 혼합 음료를 먹는 게 아니라 순수한 즐거움을 위해 커피를 마신다는 점에서 위대한 사람들이다. 그래서 난 그들에게 뭔가 끝내주는 것을 대접하고 싶다." 스페셜티 커피 전문가들이 토니가 한 말에 공감해주면 좋겠다. 우리는 커피의 약리학적 효과보다는 커피가 주는 관능 경험에 가치를 두고 있다는 점에서 자부심을 갖고 있지 않은가. 그리고 디카페인은 그 약리학적 효과는 거의 없으니 말이다.

디카페인 커피도 커피이다. 때문에 디카페인 커피를 구매할 때는 모든 면에서 일반 커피를 살 때와 같은 접근법이 적용된다.

신선함

디카페인 공정을 거치면 커피콩의 물리 화학적 구조가 변한다. 때문에 디카페인 가공을 하지 않은 것에 비해 더 빨리 신선함을 잃고 더 빨리 맛이 떨어진다.

말하기 부끄럽지만, 바이어 초창기 시절에는 디카페인에 대해 알고자 하는 생각을 전혀 하지 않았다. 그냥 적당히 좋은 디카페인을 찾아서 한 무더기 사놓으면 그 뒤로 몇 달 동안은 신경 쓸 필요 없지 하는 식이었다. 짐작대로, 그건 좋은 생각이 아니었다. 디카페인 커피는 급속히 신선함을 잃었고, 그 생두로 만든 음료는 점점 더 형편없어졌다. 디카페인 커피를 주문한 고객들 다수가 얼마나 맛이 지독한지 불평하기 시작했다.

나는 그때서야 디카페인은 일반 커피보다 신선도 관리에 훨씬 더 신경을 써야 한다는 사실을 깨달았다.

화학 약품

환경이나 건강에 관심이 많은 고객이 있다면(당신 스스로도 그렇다면), 디카페인 커피 생산에 어떤 약제를 쓰는지 궁금해할 것이다. 디카페인 공정이 어떻게 진행되는지 조금은 알 필요가 있다.

이상적인 디카페인 처리법이라면, 카페인 선택성이 매우 높아서 커피콩에 원래 존재하는 다른 성분들은 거의 그대로 남겨야 한다. 오랫동안 많은 기법들이 사용되었고, 한때는 메틸렌 클로라이드 가공 방식이 대세였다. 나는 에틸 아세테이트 처리한 커피도 다루어봤는데, 위 두 가지 모두 맛은 좋았다(에틸 아세테이트 쪽이 일부 디카페인 커피에서는 더 맛을 좋게 한다. 약간 기묘한 과일 향을 더해준다). 그렇지만 이런 약제 이름이 붙어 있으면 화학 약품에 민감한 고객은 안심하지 못한다. 아마 일반 커피를 마시는 고객까지 웅성댈 것이다. 당신이 화학 약품에 대해 어느 정도 알고, 설명해주면 이들의 불안한 마음을 달래는 데 도움이 되겠지만, 이렇게 보충 설명을 해야 하는 품목은 가능한 줄이는 것이 좋다.

그 대신, 무해하게 느껴지는 이름의 '워터 프로세스'가 있다. 물론 실제로도 무해하다. 생두 추출물을 미리 만들어두고 카페인만 없앤 뒤 그 물에 일반 생두를 집어넣으면, 삼투 현상이 일어나면서 카페인만 선택 제거된다. 화학 약품은 아무것도 들어가지 않으며, 현재 음료 맛이 매우 좋게 나올 정도로까지 기법이 발달했다.

생두 선택

묵은 생두, 부실한 운송, 잘못된 로스팅처럼, 디카페인 공정 자체가 복합적이면서 정교한 커피의 향미를 없애버릴 수 있다. 이 점에서, 좋은 디카페인 커피는 좋은 일반 커피와 같은 특징을 갖는다. 단맛, 깔끔함, 훌륭한 신맛이 있는 것이 좋다.

디카페인 처리가 끝난 커피를 살 때는 그렇게 어렵지 않다. 그냥 자기에게 맞는 것, 판매 원칙에 맞는 것을 사면 된다. 그러나 일반 생두를 사서 자기 용도에 맞게 디카페인 처리를 할 예정이라면 디카페인 공정으로 사라져버릴 가능성이 많은 품질에 너무 집착하면 안 된다. 은은한 느낌, 미세한 향, 복합성 같은 특성은 디카페인 공정을 버티지 못한다. 생두가 가진 예민한 특성은 어떤 구매 단계에서든 영향을 받기 쉽지만, 생두를 디카페인 처리할 때는 정말 확실히 사라진다.

　디카페인 커피 구매는 일반 커피 구매와 크게 다르지 않다. 문제는 구매할 때 무신경하게 결정해버리는 경우다. 주의하자.

PART 3

26

Chapter 26
바닥에서부터
시작하기

바닥에서부터
시작하기

**커피 구매 사업을
막 시작한다면**

독자 중에 커피 구매 사업을 막 시작했거나 또는 시작하려는 이들이 있을 것이다. 만약 그렇다면 다음 몇 가지 초기 단계를 밟아주기 바란다.

지역 공급자를 알아둘 것

산지에 찾아가서 커피를 살 생각부터 하기 전에 가까운 국내 수입업체 또는 브로커를 찾아보자. 현재 아무 정보도 가지고 있지 않다면 몇 가지 방법이 있다. 지역 로스터에게 물어봐서 수입업체 이름을 알아낸다. 그런 정보까지 숨기지는 않겠지만, 그 로스터가 정보를 주지 않는다 해도 문제없다. 다른 모든 해법과 마찬가지로 구글에서 검색하자. 구글에 물어도 지역 업체가 별로 안 나오거나 아예 없다? 걱정할 필요 없다. 좀 멀리 떨어져 있는 수입업체도 기꺼이 당신에게 커피를 판매할 것이다. 당신이 장거리 배송에 들어가는 추가 비용을 지불할 의사만 있다면 말이다. 마지막으로, 커피 컨퍼런스나 기타 관련 행사에 참여하자. 이런 곳에서는 수입업체나 관련 업체 사람들을 만나기 쉽다.
수입업자 목록을 입수했다면, 이제 다음 질문을 해보자.

- 전문적으로 취급하는 커피 종류는? (품질과 산지)
- 취급하지 않는 커피 종류는?
- 판매 단위는?
- 샘플 제공 절차는? (필요하다면, 볶아서 제공해주는지 여부)
- 제공하는 대출 조건은?(지불 시점은? 창고 보관료 이율은? 이런 조건을 수용할 때 해야 하는 조치는?)

당신이 이미 시장에서 커피를 구매하고 있다면, 수입업자에게 판매 가능한 커피들 중 대표적인 것 몇 가지를 먼저 보여달라고 요청한다. 공급자에 대해 많이 알고 싶다면, 그 공급자가 어떤 커피를 선호하는지 묻는다. 공급자의 커피 취향이 당신의 취향과 같다면 그만큼 멋진 일은 없다. 하지만 공급자마다 취향이 각각 다르다는 사실을 아는 것도 그만큼 가치 있는 일이다. 마음에 드는 커피를 발견하면 당신이 살 수 있는 물량이 어느 정도인지 정직하게 밝혀야 한다.

당신에게 샘플 로스터가 있다면 더할 나위 없이 좋겠지만, 만약 없다면 수입업자에게 샘플을 볶아줄 수 있느냐고 물어보자. 수입업자는 전문 샘플 로스터다. 이유야 간단하다. 많이 볶아봤기 때문이다. 아시다시피 연습을 많이 할수록 완벽해진다. 수입업자는 커핑도 엄청나게 많이 하므로 샘플 로스팅이 항상 일정하게 나온다.

수입업자가 그런 서비스를 해주지 않아도 너무 걱정할 필요 없다. 샘플 로스터가 없어도 양산용 로스터로 샘플 로스팅을 하는 방법을 금방 익힐 수 있다. 양산용 로스터로 샘플 로스팅하는 방법에 정답은 따로 없다. 하지만 내가 할 수 있는 최고의 조언은 아주 저렴한 커피를 한 포대 사서 100g씩 자기가 원하는 정도의 색이 나오도록 연습하라는 것이다. 아주 적은 '물량'이라, 로스터에 붙어 있는 샘플러는 거의 쓸모 없겠지만, 그래도 로스팅이 다 끝났는지 알려면 안 쓸 수는 없다. 아니면, 그냥 성호를 긋고 기도나 하자.

다행스럽게도, 대다수 수입업체는 샘플 로스팅을 해준다. 너무 강하게, 또는 너무 연하게, 또는 당신이 원하는 정도와는 너무 다르게 로스팅할 수 있겠지만 좀 달라도 괜찮다. 그래도 그 샘플이 당신이 양산용 로스터로 볶은 것보다 분명 나을 테고 당신이 샘플 로스터를 가지고 있더라도 아마 그들이 볶은 샘플이 더 나을 가능성이 높다.

재정 지원

수입업자가 재정 지원까지 제공한다면 당연히 구미가 당길 수밖에 없다. 만약 그럴 마음이 든다면 가능한 빨리 절차를 확실히 알아두어야 한다. 제출해야 할 신용 조회 서류 중에는 바로 준비할 수 없는 종류가 많다. 이런 절차와 서류 때문에 커피 선적을 늦추는 건 바람직하지 않다.

커핑

이것까지 말해야 하나 싶지만, 커피를 맛보는 일은 항상 중요하다. 특히 사업을 시작하는 시기에는 더욱 그렇다. 할 수 있다면 되도록 많은 사람과 함께 커피를 맛보고 그들의 생각을 들어보자. 나는 "너는 맛보는 능력 하나는 타고났구나"라는 말을 자주 들었다. 그렇지만 전혀 사실이 아니다! 훌륭한 커피를 찾아내는 입맛은, 끊임없는 노력과 연습으로 개발하는 것이다. 커핑을 최우선으로 삼아라. 당신이 아직 로스팅을 시작하기 전이라면 더 좋다. 수입업자나 경쟁 업체가 만든 샘플을 커핑해라. 그리고 로스팅할 때도 계속 커핑을 해야 한다.

여행

당신이 산지 여행을 계획하고 있다면 그것이 구매 여행이라는 생각은 버리기 바란다. 아마도 당신은 매우 적은 양을 사게 될 테니까. 하지만 아무것도 못 사더라도 1년이나 2년 정도는 수입업체가 안정적으로 공급해줄 것이다. 대신 여행 중에 산지에서 많이 보고 배워라. 생두가 어떻게 달라지는지, 적당한 가격은 얼마인지 알아보고, 직접 농장을 둘러 생산자를 만나고, 이야기를 모으고 사진을 찍자.

조달

커피를 직구매할 준비가 되었다면, 적절한 생산자를 소개시켜줄 수 있는, 안팎으로 존경받는 수입업자 또는 브로커와 함께하자. 자신을 위한 커피를 구입하는 첫 기회는 수입업자에게 양보하자.

책

이 책을 쓴 이유는 내가 바이어가 되었을 때는 이런 책이 없었기 때문이다. 바이어가 된 뒤 내가 저지른 온갖 종류의 실수들은, 사실 모두 다 피할 수 있는 것들이었다. 어떤 경험 많은 바이어가 족집게처럼 짚어준 조언 덕에 나는 온갖 재난 상황에서 벗어날 수 있었다.

커피 구매에 대해 전문적으로 쓴 다른 책이 더 있을지도 모르지만, 신참 바이어라면 아래 자료가 유용할 것이다.

1. sweetmarias.com은 모든 커피 전문가에게 시험 족보나 다름없다. 사이트의 개설자이자 주 저자인 톰슨 오웬은 수십 년 동안 어마어마한 양의 기사, 사진, 가이드를 제공하면서 생산, 로스팅, 추출에 대한 커피 세계의 이해를 넓히고 있다. 그는 이 사이트가 방문객에게 어떻게 보이면 좋을지에 대해 이렇게 말한 적이 있다. 그는 방문객이 마치 책을 한 권 사러 중고 서점에 들렀다가 다른 여러 가지 재미있는 책들을 보며 즐겁게 맘을 뺏기는 그런 여행처

럼 생각하길 바란다고 한다. 나는 이 사이트를 하나하나 넘겨 보며 엄청난 시간을 보냈고, '나는 진짜 생초보가 아닐까?' 생각했다.

2. 엘린 맥코이와 존 프레드릭 워커가 펴내는 〈커피&티〉 잡지는 내가 처음 커피를 공부할 때 본 책이다. 커피나무와 커피콩, 그리고 커피 음료에 대한 모든 것을 인상적이면서도 확실하게 요약해놓았다. 이 잡지는 커피의 기원에 대한 이야기를 비롯해 커피의 역사, 재배, 맛보기, 커피 용어 및 산지를 망라한다. 커피 재배와 가공, 등급 분류의 기술적인 면에 대해 이만큼 완벽하고도 간결하게 설명한 책이 있을까. 게다가 차에 대한 정보도 훌륭하다.

3. 《커피 생두》: 커피 재배, 가공, 물류 및 제반 연구를 위한 가이드북. 장 니콜라스 윈트겐스의 이 책은 참고서나 교재 이상의 집대성으로서, 의심할 바 없이 커피 생산에 관한 모든 것을 담은 완벽한 자료이다. 커피를 심고 키우며 병을 치료하고 수확하며 가공하고 말리며 보관하는 것에 대해 어떤 질문을 하건, 답은 이 책에 있을 것이다.

4. 테드 링글의 《커피 커퍼스 핸드북》은 후각에서 미각에 이르기까지 커피 맛을 보는 과정을 풍부한 도해와 함께 효과적으로 설명한다. 커피와 관련해 들어봤음 직한 신기한 설명, 부정적인 설명—예를 들면 크레오소트: 쓴맛, 처음 한 모금 마셨을 때 혀 뒤쪽에서 느껴지는 긁는 듯한 느낌이 주로 나타나고 이후 음료를 삼킨 뒤에는 강한 뒷맛이 남는 것—까지 포함해 여러 가지 설명들을 담고 있다. 맛에 대한 표현들은 당신이 직접 커핑하면서 뽑아내겠지만, 링글은 많은 노고를 들여 더 공식적인 표현으로 이 책에 수록해두었다.

27

Chapter 27
최고에게 배우자

최고에게 배우자

경험 많은
바이어들에게
배울 점

커피 구매에 대한 제대로 된 책이 없던 시절, 나는 가능한 많은 것을 배우기 위해 다른 사람들을 찾아다녔다. 운 좋게도 나에게 영감을 주는 사려 깊은 바이어들과 많이 교류할 수 있었고 이제는 바이어로서 성공할 수 있는 방법에 대한 그들의 견해와 권고를 독자들과 나누려 한다.

    다른 경우도 마찬가지지만 커피 구매에 대한 책임과 접근법은 사람이 맡은 역할에 따라 매우 다양하다. 여기 소개한 사람들은 맡은 역할과 일의 방식은 각각 다르지만 모두 성공적인 커피 바이어 경력을 쌓아왔고 내게는 대체할 수 없는 스승이 되어준 이들이다.

크리스 조던
미국 따르띤 베이커리 커피 매뉴팩토리의 최고 운영 책임자

새내기 커피 바이어 시절로 돌아간다면, 자신에게 어떤 조언을 하고 싶은가?
사는 게 파는 것보단 쉽다.
 초보 바이어는 감정이 아니라 자기 위치에 맞게 행동해야 한다. 처음 구매할 때는 모두들 좋은 커피를 사려 하지만 바이어 일은 그보다 더 복잡하다. 현재 우리 수요는 어떻고 앞으로는 어떻게 될지, 지금 이 커피를 언제까지 제철 커피로 쓸 수 있을지, 공급자는 신뢰할 만한지? 현지에서 맛보고 있는 이 커피가 공장에 도착했을 때도 여전히 맛이 좋을지, 고객들이 이 커피를 구매할지 고려해야 한다.
 나에게는 정말 훌륭한 조언자들이 있었고 더 중요하게는 엄청난 양의 커피를 접하고 수많은 공급망에 연결될 기회가 있었다. 엄청난 맛보기 경험이 나를 키워줬다.

커피 바이어로서 당신의 강점은 무엇인가?
기억이다. 머릿속에 커핑에 대한 내용을 상세한 부분까지 저장한 기록 체계를 구축해야 한다. 이것이 있으면 훌륭한 커퍼가 될 수 있고 나아가 훌륭한 바이어가 될 수 있다. 커핑하는 모든 것에 가치를 매겨야 하며, 그 가치는 많은 속성을 바탕으로 하되, 서로 비교할 수 있어야 한다. 자기의 기록 체계에 담을 수 있는 내용은 많다. 여기에 훌륭한 커피로 목록을 채워 넣을 수 있는가는 커핑 기억에 달려 있다. 이런 점에서 우리 바이어나 커퍼들은 소믈리에와 비슷하다.

지금까지 시장이나 다른 바이어들에게 저평가된 산지는 어디일까?
음, 에티오피아 '짐마'다. 우간다, 온두라스, 콩고, 에콰도르 또한 탐구할 여지가

너무 많다. 콜롬비아는 지난 수년간 지역별 프로필을 개발해왔고 획기적인 성과를 거뒀다.

커피 바이어가 가져야 할 가장 중요한 기술 또는 특성을 들자면?
지식에 대한 갈구가 필요하다. 커피 산업은 복잡하다. 지식을 탐구하는 일을 사랑하지 않는다면 제대로 해낼 수 없을 것이다.

앤드루 바넷
미국 리네아 커피의 창립자

새내기 커피 바이어 시절로 돌아간다면, 자신에게 어떤 조언을 하고 싶은가?
열린 마음을 가져라! 생산지에 방문하기 전에 문화, 사람, 나라, 지역에 대해 가능한 많이 공부해라. 그러면 모든 일이 잘 풀릴 것이다.

커피 바이어로서 당신의 강점은 무엇인가?
없다. 나는 그저 커피를 사랑하는 사람들과 세계에서 가장 좋은 품질의 커피를 친환경적으로 생산하는 생산자들을 특별히 맛 좋은 커피로 연결해주는 일을 좋아할 뿐이다.

지금까지 시장이나 다른 바이어들에게 저평가된 산지는 어디일까?
에콰도르와 브라질의 샤파다 지아만치나.

커피 바이어가 가져야 할 가장 중요한 기술 또는 특성을 들자면?
적응력.

알레코 치고우니스
미국 레드폭스 커피 머천트의 창립자

새내기 커피 바이어 시절로 돌아간다면, 자신에게 어떤 조언을 하고 싶은가?

첫째, 앞으로 무얼 바라든 상관없이 언제나 몸을 낮춰라. 지금은 훌륭한 생두를 구하기 위해 더 이상 산지로 달려갈 필요가 없는 시대다. 장기 거래를 하겠다는 생각도 현실적인 사업 감각이라기보다는 자기 중심적인 사고에 가깝다.

두 번째, '최고 품질'이란 말은 커피에서 상대적 개념이다. 내 사업에 적합한가 아닌가가 유일한 관심사이다.

커피 바이어로서 당신의 강점은 무엇인가?

언제 어디서든 모든 사람과 관계를 맺고 대화할 수 있는 능력, 할 말을 분명히, 간단명료하게, 그리고 호소력 있게 전달하는 능력, 커피를 건조 처리장을 거쳐, 배에 태워 소비지의 창고로 이송하는 능력, 공급과 소비라는 거래의 모든 측면에 대한 나의 이해력이다.

지금까지 시장이나 다른 바이어들에게 저평가된 산지는 어디일까?

하나만 꼽기 힘들지만 바로 페루야말로 저평가된 곳이라고 항상 생각해왔다. 대부분의 바이어들은 페루가 일반 등급의 페어트레이드-유기농 커피를 대량 생산하는 곳이라 생각하겠지만, 사람들이 페루 최고 품질 커피에 대한 잠재력을 알아보기 시작하면서, 페루는 분명히 발전하고 있다.

또 하나, 인도네시아를 뽑겠다. 나는 조만간 인도네시아에서 차세대 '히트 상품'이 나올 것이라고 거의 확신한다. 이곳의 유래 깊은 커피 품종들은 유전학적으로 에티오피아 바로 다음으로 손꼽을 만하다. 산업이 발전하면서 이미 자바, 술라웨시 같은 지역에서 깔끔하고 훌륭한 커피가 나오고 있다.

Chapter 27
최고에게 배우자

커피 바이어가 가져야 할 가장 중요한 기술 또는 특성을 들자면?

우선, 소통 능력이 뛰어나야 한다. 그리고 매력적이어야 한다. 산지에서는 공급자, 물류망 안에서는 거래 파트너, 지위 고하를 막론한 당신의 직원 및 동료들 그리고 소비자에게 매력적일 필요가 있다.

톰슨 오웬
미국 스윗 마리아즈 커피의 창립자

새내기 커피 바이어 시절로 돌아간다면, 자신에게 어떤 조언을 하고 싶은가?

나는 이제 이 분야에 필요한 기술을 알아보는 감이 점점 떨어져가는 것 같다. 여기서는 개인적인 능력이 그렇게 중요하지 않다. 바이어 일이든 물류든 대부분이 최종 바이어가 하는 일이라기보다는 최종 바이어를 위한 일이기 때문이다.

나는 오히려 생두 바이어는 '상징적인 역할'을 담당한다고 생각한다. 현 업계에서 생두 바이어라는 직책을 가진 사람이 없다면 그 회사의 정체성은 그다지 명확하지 않을 것이다. 아마 빈칸으로 남지 않을까? 커피는 어딘가에서 와야 하고, 누군가는 이것을 가지러 가야 한다. 이런 행위에는 의도가 있고 의미가 있기 마련이다.

그러나 실제 커피 구매 과정에서 필요한 주된 능력은 언어다. 나는 스페인어를 배웠다. 최소한 생산자와 커피에 대한 대화가 가능한 수준으로 익혔다. 여전히 매우 미진한 수준이라 복잡한 주제로 넘어가면 대화를 더 이상 진행할 수 없다. 이럴 때마다 내가 다른 산지들에서 얼마나 많은 것들을 놓쳤을지 깨닫는다. 방금 다녀온 곳은 인도네시아인데, 인도네시아어로 다섯 가지 정도는 말할 수 있게 되었지만, 아마 대부분의 관광객들도 이보다는 훨씬 더 말을 잘 할 거다. 이런 생각을 하면 별로 기분이 좋지 않다. 무언가 사려고 하는데 공급자와 대화를 할 수 없다니 우습지 않은가?

커피 업계에서 생두 바이어가 채워야 하는 그 빈칸에 대해서 말하자면, 워낙 일종의 불안감을 조성하는 공간인지라, 커피를 찾아 구매하는 실제 작업만으로는 절대 채울 수 없을 것처럼 느껴진다. 그렇기에 나 스스로도 그렇고, 다른 이들도 성취를 과대 평가하고, 성과에 대해 과장해서 표현한다. 아마도 우리 스스로 실제로 한 일들이 항상 부족하다고 느끼기 때문일 것이다.

바이어가 자기 일을 과장한다는 것을 어떨 때 느끼냐면, "나랑 함께 일하는 한 생산자"라는 말을 들을 때이다. 일요 직판장에 나가서 토마토를 사는 사람이 "나는 이 농장과 협력한다" 운운하지는 않는다. 이 토마토 농부랑 거래하는 횟수가 커피 농장의 생산자와 거래하는 횟수의 10배는 넘는다 할지라도 말이다. 커피 사업을 하려면 커피를 사야 한다. 그러니까 이건 기본 업무이다(그렇다면 내 기본 업무보다는 커피를 포장하는 데 쓰는 비닐봉투에 대한 이야기를 하는 게 낫지 않을까?).

나는 생두 바이어의 역할에서 드라마적 요소와 영웅주의를 제거해야 한다고 생각한다. 이런 말을 한다고 내가 중요한 역할을 하지 않는다는 뜻은 아니다. 바이어 일은 나에게 아주 중요하다(그리고 생산자들에게는 더 중요할 것이다. 그들은 컨테이너를 채울 만큼 대량으로 구매가 가능한, 블렌드 위주의 지역 스페셜티 바이어보다 돈을 50% 더 쳐주는 소규모 로트 바이어를 원한다). 나는 항상 개선할 방법을 찾고 있다. 여기서 위선적인 부분은 무엇일까 찾고, 그런 부분은 피하려 애쓴다. 또한, 바이어 일은 상징적인 면에서는 전혀 위선이 아니다. 이 일은 매우 현실적이다. 다만 "한 사람이 머나먼 곳으로 떠났다가 당신이 살 만한 이국적인 상품을 들고 돌아왔다"는 옛말보다는 정직했으면 한다.

Chapter 27
최고에게
배우자

대린 대니얼

미국 얼라이언스 포 커피 엑설런스(ACE : COE 주최 단체) 전무 이사

새내기 커피 바이어 시절로 돌아간다면, 자신에게 어떤 조언을 하고 싶은가?
본인의 감각을 믿고 지금 앞에 있는 커피에 대한 자신의 호불호를 믿어라. 다른 사람과 의견이 다른 것을 두려워하지 말자. 위계질서와 연장자 배려도 중요하지만 자신을 낮추지 말자. 본능적 감각이 더 중요하다.

커피 바이어로서 당신의 강점은 무엇인가?
웃는 것, 그리고 배움에 대한 갈망. 그리고 나는 무엇이든 잘 먹는다. 여행 다닐 땐 이것이 큰 강점이다.

지금까지 시장이나 다른 바이어들에게 저평가된 산지는 어디일까?
태국, 브룬디, 예멘, 토라자(술라웨시), 콩고.

커피 바이어가 가져야 할 가장 중요한 기술 또는 특성을 들자면?
공급망에서 가장 중요한 사람들, 바로 생산자에게 평등하고 진실하게 대하라. 그들의 신뢰를 얻지 못하면 커피 바이어로서 가장 큰 잘못을 저지르는 것이다. 항상 다른 시점이 있다는 것을 인지해라. 이 업계의 모든 사람들에게 당신은 훌륭한 멘토가 되어야 한다.

마이크 스트럼프

캐나다 스위스 워터 디카페인 커피 컴퍼니 이사

새내기 커피 바이어 시절로 돌아간다면, 자신에게 어떤 조언을 하고 싶은가?

가능한 강한 인맥을 만들어라. 나는 사실 사람을 쉽게 사귀지 못한다. 그런 성향은 일에 전혀 도움이 되지 않는다. 커피 공급망은 그 안에 있는 사람들 덕에 움직이고, 때문에 그들과 관계를 맺는 일은 매우 중요하다. 꼭 커피와 관련 없는 사소한 교류라 해도 가치가 있다. 단 한 번 구매하든 수년간에 걸쳐 관계를 맺든 누군가와 함께 일하려면, 자신과 함께 하는 상대를 아는 것이 당신이 하는 일의 미래를 결정짓는다.

커피 바이어로서 당신의 강점은 무엇인가?

데이터 분석. 나는 전자공학을 전공했고 프로그래밍 경험을 살려 올바른 자료를 뽑아 정리할 수 있었다. 나는 엑셀의 MATCH 함수를 잘 쓴다. VLOOKUP 함수가 있긴 하지만 이쪽은 키 값이 첫 번째 열에 없으면 쓸 수가 없는데, 이때 MATCH 구문을 중첩하면 된다. 멋지지 않은가? 배열 함수도 많이 쓴다.

지금까지 시장이나 다른 바이어들에게 저평가된 산지는 어디일까?

우리는 아시아의 섬에서 재배하는 커피를 간과하고 있다. 품질이나 몇몇 개선점에 대해 일종의 교육이 필요하겠지만, 추적 가능하고 향미가 다양한 고품질 커피를 찾을 수 있을 것 같다. 어떻게 달성할지는 모르겠지만 언젠가 성공할 것이고, 머지 않아 보다 다양한 커피를 만나리라 생각한다.

커피 바이어가 가져야 할 가장 중요한 기술 또는 특성을 들자면?

겸손함. 당신이 샘플 로스터, 커퍼, 가격 협상가, 전망가 혹은 그 무엇이라도 당

Chapter 27
최고에게 배우자

신이 언제나 옳은 것은 아니다. 다른 사람들과 한 팀이 되어 그들의 의견을 듣고 실제로 수용하며 일해야 한다. 사람이 하는 일에서 겸손은 중요한 덕목이다. 겸손은 다른 사람들을 포용하고 그들에게 힘을 실어준다. 그러면 당신의 공급망은 더욱 넓어질 것이다.

가브리엘 보스카나
미국 마퀴나 커피 로스터스 소유주이자 로스터

새내기 커피 바이어 시절로 돌아간다면, 자신에게 어떤 조언을 하고 싶은가?
더 많이 커핑하고 더 많이 질문해라. 가능하다면 산지에서 오래 머물며 생산자들에게 배워라. 기본적인 경제학 강좌를 수강해라.

커피 바이어로서 당신의 강점은 무엇인가?
강점이라고까지는 못 하겠는데, 스페인어를 유창하게 할 수 있다. 덕분에 중남미 생산자들에게 신뢰와 확신을 얻는 데 확실히 엄청난 도움이 되었다.

지금까지 시장이나 다른 바이어들에게 저평가된 산지는 어디일까?
멕시코. 잠재력과 가능성이 엄청난 곳이다. 메스깔 술과 칠리 고추, 하와이 휴양지랑 유사하다는 것 말고는 멕시코에 대해 이상하게 부정적인 인식이 있는데, 사실 멕시코는 아름답고 문화도 엄청나지만 몇몇 바이어에게 충분히 '이국적'이지 않은 모양이다. 제대로 노력하고 일한다면, 멕시코는 정말 맛있는 커피를 생산할 능력이 있다고 본다.

커피 바이어가 가져야 할 가장 중요한 기술 또는 특성을 들자면?

의사소통. 생산자부터 시작해 수입업자, 로스터, 회사, 커피 정보 자료에 이르기까지 의사소통이 필요하다.

앤디 트린들 머쉬
미국 필즈 커피의 커피 사업부 이사

새내기 커피 바이어 시절로 돌아간다면, 자신에게 어떤 조언을 하고 싶은가?

솔직히 말해서, 이 업계에 발을 들여놓고 나를 이끌어준 사람을 만나고, 지금껏 안정적으로 업을 해온 것까지, 나는 참 행운아다. 그러므로 과거의 나 자신에게 그냥 지금 해온 그대로의 경험과 성공, 실패를 겪으라고 하고 싶다. 앞에 했던 말을 아마도 "지금까지 한 모든 게 완벽했다"고 오해할 수도 있겠는데, 명백히 강조하고 싶은 것은, 실패도 있었고, 주저한 경우도 있었으며, 좀 더 깊게 알았으면 하고 바랐던 적도 많다. 하지만 당시 그런 위기를 모면했다고 해도 특별히 큰 그림이 달라지거나 방향이 바뀌진 않았을 것이다.

그리고 "커피 바이어"의 역할이 내가 처음 바이어가 되었을 당시와는 많이 달라졌다. 지금도 나는 바이어지만, 구매 외에도 판매와 지원 책임 또한 맡고 있다. 현재 내 직무 범위는 '수석 바이어'를 포괄하는데, 말하자면 지금 나는 분명히 '커피 바이어'의 일을 하고 있다는 뜻이다. 그러다 보니 나는 상당량의 커피를 살 권한이 있는데 이 권한은 내가 바이어로서 어떻게 처신해야 하고 일해야 하는지에 대한 의무를 만든다. 그럼에도 불구하고, 지금 커피 구매에 할애하는 시간은 전체 업무 시간의 10% 정도밖에 되지 않는다.

나는 커피가 믿을 수 없을 만큼 복잡하고 힘든 상품이라고 배웠다. 커피를 즐기는 모든 사람들은, 이것을 볶고 추출해서 마시는 법을 알아낸 선구자들이 있

Chapter 27
최고에게
배우자

었다는 점에서, 그리고 이를 더 낫게 만들기 위해 노력한 창조적인 전문가들이 있다는 점에서 참으로 행운아들이다. 하지만 내가 보기에 전 세계 대부분의 사람들은 매일 마시는 커피가 우리에게 오기까지 애쓴 많은 사람들에 대해 아무 관심도 없는 것 같다.

커피 바이어로서 당신의 강점은 무엇인가?
흠, 나는 강점이라곤 없다. 맛을 보는 훈련을 잘 받았고(항상 훌륭하다고는 할 수 없지만, 단련은 되었다) MBA를 따서 사업적, 재무적 감각을 키웠다. 내 생각에 이런 능력은 성공적인 구매 활동에 필수적이다.

지금까지 시장이나 다른 바이어들에게 저평가된 산지는 어디일까?
오, 질문이 재미있다. 하지만 그에 걸맞는 좋은 대답은 못 해줄 것 같다. 아마도 훌륭한 싱글 오리진 커피를 취급하는 친구들이 더 잘 대답해줄 것이다. 나는 블렌드용 커피를 주로 사고, 블렌드 쪽에서는 간과하는 산지가 없다. 중국이 좀 더 살펴봐야 하는 곳 아닐까 생각한다.

커피 바이어가 가져야 할 가장 중요한 기술 또는 특성을 들자면?
사업 감각, 특히 스프레드시트 프로그램에 익숙하면 좋다.

제임스 다건

탄자니아 르완다 거래소 및 템보 커피의 모기업인 웨스트록 이스트 아프리카의 최고경영자

새내기 커피 바이어 시절로 돌아간다면, 자신에게 어떤 조언을 하고 싶은가?

나 자신에게 하고 싶은 첫 말은 "교역을 시도하기 전 얼마나 많이 배워야 하는지 아는가?"이다. 우리 업체는 커피가 업이 아닌 사람들이 세웠기에, 커피 거래 경험이 있는 사람이 없었고, 모든 걸 힘들게 배울 수밖에 없었다. 우리는 형편없는 거래를 여러 번 했고 잘못된 결정도 많이 했다. 그러나 수년이 지나자 제대로 걸음마를 뗄 수 있었다. 그다음 하고 싶은 말은, "10년 후에도 그 전날 이 사업을 시작한 것처럼 생각해라. 그렇게 매일매일 놀라고 자극 받아라"는 것이다.

커피 바이어로서 당신의 강점은 무엇인가?

강점이 조금이라도 있다면 그건 아마도 소규모 생산자들로 이뤄진 공급망에서 인내하는 능력, 그리고 비효율성을 줄이기 위해 노력하는 자세라고 하겠다. 그렇지만 이들을 모두 묶어보면 결국은 하루 단위, 년 단위의 참을성으로 귀결된다. 무언가를 세우고 구축하는 데 많은 시간이 필요하다. 시작할 때 그 누구도 예측하지 못할 만큼 더 긴 시간이 걸린다.

지금까지 시장이나 다른 바이어들에게 저평가된 산지는 어디일까?

나는 동아프리카밖에 모른다. 제3의 물결과 스페셜티 업계는 동아프리카에서 활발하게 활동하지만, 미국의 상용 로스터들은 여전히 동아프리카 커피를 염두에 두지 않고, 우리는 계속 그들에게 연락을 시도하고 있다.

동아프리카에는 신뢰할 만한 수출업자와 물류 업체가 많고 항구 또한 상당히 개선되었다. 이제 '아프리카 커피는 항구에서 수 개월씩 기다려야 한다' 또는 '믿을 만한 업체가 없다'는 오래된 편견은 버려야 한다. 대형, 상용 로스터들

Chapter 27
최고에게 배우자

이 이를 진지하게 고려해야 한다.

커피 바이어가 가져야 할 가장 중요한 기술 또는 특성을 들자면?

참을성이다. 총 5만 포대를 구매해야 하는 상황에서 소규모 생산자와 5포대짜리 계약을 놓고 협상하려면 엄청난 인내가 필요하다. 판매 측면에서 로스터들과 수입업체들이 다른 수출업체들에 맞서 우리에게 입찰해 들어오면 우리는 품질과 서비스를 지키면서 기다려야 한다.

사라 클루스
콜래트 경영대학생, 미국 로얄 커피의 관능, 조달 담당

새내기 커피 바이어 시절로 돌아간다면, 자신에게 어떤 조언을 하고 싶은가?

정말 좋은 질문이다! 아마도 관계 형성 면에서 자아 진정성을 강화할 것 같다. 바이어 첫 몇 년 동안 인텔리젠시아의 공동 창업자이자 바이어인 제프 와츠의 가르침을 받았는데, 도움이 되는 면도 있었지만 그만큼 힘들기도 했다. 그 거대한 존재의 그늘 아래에서 나만의 관계를 맺고 사업을 해나가기 위해 정말 애썼다. 결국 내가 될 수 있는 최고의 커피 바이어는 진정한 사라, 바로 나 자신이 되어야 한다는 점을 깨달았다. 그래서 제프 와츠를 따라 하는 대신 나만의 유통망을 구축하기 시작했다. 바이어 첫날 이 사실을 알았더라면 아마 정신적 에너지를 낭비하지 않고 나만의 관계망을 보다 더 효율적으로 구축할 수 있었을 것이다.

커피 바이어로서 당신의 강점은 무엇인가?

와하하하하하하! 언제든, 어디든 앞뒤 가리지 않고 달려갈 만큼 커피에 미쳐 있는 게 내 강점이 아닐까? 그런데 진짜, 몇 마일씩 커피농장을 달리다 보면, 전에

는 보이지 않았던 것들이 보여서 당신도 깜짝 놀랄 게 분명하다.

지금까지 시장이나 다른 바이어들에게 저평가된 산지는 어디일까?
음, 가능하다면, 탄자니아에 많은 신경을 쓰고 싶다. 탄자니아 커피는 잠재력이 높고 또한 아름답다. 몇 년씩이나 탄자니아 커피에 빠져 있었다.

너무 뻔한 대답이지만, 모든 산지가 특별했다. 불완전하게 완벽한 커피 산지 속에서, 그들을 빛나게 하고 고유하게 만들어주는, 사회정치적, 문화적, 지리적, 지형적, 생태계적, 인류학적, 원예학적, 역사적 유산이 한 보따리씩 들어 있다. 자식은 모두 똑같이 사랑한다고 말하는 부모님 말씀 같은 말이 아니다. 모든 산지에는 진정 특별해질 수 있는 자신만의 고유성이 있음을 많이 느낀다. 이것들 모두가 쉽게 얻어진 것일까? 도전 정신과 투지 없이? 절대 불가능하다. 특별하냐고? 물론, 특별하다.

커피 바이어가 가져야 할 가장 중요한 기술 또는 특성을 들자면?
존경심. 정말 정말 많이 강조해야 한다. 지역, 사람, 문화, 삶의 방식에 대한 존중 말이다. 특권의식에 젖어, 다른 사람의 본거지에 쳐들어가 다짜고짜 많은 것들을 요구해서는 안 된다. 우리는 바이어로서 커피에 대해 모든 것을 알지 못한다. 우리는 실제로 모든 해답을 갖고 있지 않으며 유통망 안에서 다른 구성원으로 존재하는 것이 어떤 의미인지 모른다. 먼저 존경하는 모습을 보여주는 것이 우리의 책무다. 혁신, 변화, 생각의 교환, 공동 작업은 그 뒤에 오는 것이다. 이를 위해서는 언제나 존경이 선행되어야 한다.

Chapter 27
최고에게
배우자

모르텐 벤네르스가드

노르웨이 노르딕 어프로치의 관리자/커피 바이어

새내기 커피 바이어 시절로 돌아간다면, 자신에게 어떤 조언을 하고 싶은가?

새내기 때부터 산지 국가에 오랫동안 머무르면서 더 나은 통찰력을 기르고 이해를 넓힐 것 같다. 일과 복합적인 것에 대해 생산자와 눈높이를 맞추고 자세를 낮추라고 하고 싶다. 그리고 좀 더 많이 듣고 말은 적게 할 것.

커피 바이어로서 당신의 강점은 무엇인가?

다양한 환경과 상황에서 커핑을 해도 프로필을 잘 알아맞힐 수 있다. 여러 소비 시장에서 로스팅과 물의 특성이 달라지면 커피가 어떻게 될지 잘 안다. 내가 특별히 화학이나 로스팅 프로필에 집중하는 괴짜라서가 아니고 원래 이런 데 소질이 있었다.

또한 복잡한 유통망을 이해하고 좋은 사람들과 관계를 맺는 것이 결국엔 가장 중요하다.

지금까지 시장이나 다른 바이어들에게 저평가된 산지는 어디일까?

외면받았는지는 모르겠는데, 탄자니아 커피는 확실히 경이적이고 아름답다. 최근 엄청나게 발전했다. 특히 음베야 주변의 남부 지역이 그러하다. 탄자니아 산 커피는 '서민형' 케냐라고 생각하는 모양인데, 개인적으로 탄자니아 커피는 탄자니아만의 고유한 특성이 있다고 생각한다.

커피 바이어가 가져야 할 가장 중요한 기술 또는 특성을 들자면?

산지에 커피를 사러 갔다면, 단순히 커핑 테이블에서 좋은 커피를 맛보는 것을 넘어서, 제품과 인프라에 대해 분석적으로 접근해야 한다.

아넷 몰드바

영국 스퀘어 마일 커피 로스터스 이사

새내기 커피 바이어 시절로 돌아간다면, 자신에게 어떤 조언을 하고 싶은가?
질문을 많이 해라. 자신이 하는 일에 대해서 무엇이든 아는 사람을 만나면 그게 누구든 질문해라. 이 분야는 따로 배울 수 있는 학교가 없다. 언제 어디서든 누구에게나 배워라. 자신이 일하게 될 곳에서 쓰는 언어를 배워라. 영어, 스페인어, 프랑스어, 포르투갈어, 스와힐리어 가리지 말고 배워라. 스프레드시트 프로그램을 잘 다뤄야 한다. 여행 중에는 항상 노트북을 지참해라.

커피 바이어로서 당신의 강점은 무엇인가?
내 입.

지금까지 시장이나 다른 바이어들에게 저평가된 산지는 어디일까?
일부 아프리카 국가들, 말하자면 말라위, 콩고는 잠재력이 있다. 지금은 겨우 스페셜티 업계 일각에서 주목받는 수준이다. 볼리비아와 페루 또한 시도해볼 만한 것들이 상당히 많다.

커피 바이어가 가져야 할 가장 중요한 기술 또는 특성을 들자면?
여행을 많이 다니는 바이어라면 유연성과 인내가 필수 덕목이다. 바깥에 있다 보면 계획대로 일이 굴러가지 않는다. 이럴 때 잘 적응해야 한다. 인간 관계에 어느 정도 능한 것도 좋다. 농장에 불쑥 나타나서 미친 듯이 사진을 찍고 휙 가버리는 몰상식한 바이어는 되지 말자. 우리 가족은 농부였다. 누군가 우리 할머니가 일하는 곳에 다짜고짜 차를 몰고 와서는 제대로 인사도 안 하고 할머니가 미소 짓는 얼굴을 찰칵 찍더니 30분 만에 다시 차를 몰고 가버린다면? 흠, 우리

Chapter 27

최고에게
배우자

할머니는 뭐라 생각했을까?

클라우스 톰슨

덴마크 더 커피 컬렉티브 공동 창립자

새내기 커피 바이어 시절로 돌아간다면, 자신에게 어떤 조언을 하고 싶은가?

자신이 척척박사라는 생각은 버려라. 어느 한 생산국에서 일이 잘 풀렸다고 다른 나라에서도 잘 되리라는 보장은 없다. 그리고 커핑, 커핑, 커핑하자.

커피 바이어로서 당신의 강점은 무엇인가?

그 어떤 강점도 없다. 훌륭한 커피를 만들어내는 생산자들에게 100% 의존한다. 그 훌륭한 커피가 나를 즐겁게 하고 덴마크의 고객들을 흥분시킨다. 나는 커피 생산을 위한 모든 단계에 정말 엄청나게 관심이 많은데 그것이 장점이라면 장점일 것이다. 그리고 커피 생산 단계의 모든 작업에 비교적 체계적인 접근을 할 수 있다.

지금까지 시장이나 다른 바이어들에게 저평가된 산지는 어디일까?

재미있는 질문이다. 인도네시아와 인디아 쪽으로는 정말 깜깜하고, 정직하게 말하자면 이 나라들의 커피는 한 번도 커핑해본 적이 없다. "고객들에게 선을 보여야겠다"고 생각은 해봤지만. 분명 어느 정도 잠재력이 있을 것이라 생각한다. 그러나 아프리카에서 좋은 커피를 얼마나 많이 생산하고 있는지 살펴보면, 특히 에티오피아의 경우, 우리가 하나의 업계로서 에티오피아 커피의 가치를 창조하고 투명성을 이룩하는 데 얼마나 갈 길이 먼지 깨닫게 된다.

커피 바이어가 가져야 할 가장 중요한 기술 또는 특성을 들자면?

겸손함이다. 유통망의 모든 사람들에게 소탈한 태도로 대하는 것이 좋다. 커피 바이어는 맛을 잘 감별할 줄 알아야 한다고 말하기는 쉽다. 끝내주는 커퍼가 될 수는 있지만 생산자, 정제업자, 수출업자, 그리고 유통망에 있는 모든 사람들과 그들이 하는 역할에 대한 존경심을 가지지 않는다면 신뢰를 쌓을 수 없고, 누구와도 좋은 관계를 맺을 수 없다.

크리스 데이비드슨
미국 아틀라스 임포터스의 거래인

새내기 커피 바이어 시절로 돌아간다면, 자신에게 어떤 조언을 하고 싶은가?

엄밀히 말해 바이어 업무는 아틀라스에서 시작했다. 그 당시에 나는 커피 바이어가 생산자, 소매업자, 그리고 궁극적으로 소비자에게 얼마나 크게 신세를 지는지 몰랐다. 양측 모두와 관계를 맺기 위해서는, 그들이 잘 살 수 있도록 역할을 하는 데 책임감을 느껴야 한다. 이를 위해서는 손익관계를 떠나 자기 주도적인 구매를 많이 해야 한다.

커피 바이어로서 당신의 강점은 무엇인가?

하! 음, 커피 바이어로서 갖춰야 할 기술 면에서 뭔가 특출난 게 하나라도 있나 싶다. 커핑 기술이 좋은 것도 아니고, 스페인어 능력도 평범하고, 선물 시장도 그저 그렇고, 그렇다고 쌍절곤을 잘 돌리는 것도 아니고. 아마도 내가 커피 바이어로서 가장 효율적으로 잘하는 것 하나를 꼽자면, 우리 고객에게 가장 잘 맞는 커피 유형을 파악하는 직관력 아닐까. 내 생각에, 이를 위해서는 로스팅 업체에서 가장 필요로 하는 종류가 어떤 것인지, 그리고 우리 공급자들이 무엇을

Chapter 27
최고에게
배우자

제공할 수 있는지를 잘 이해하고 있어야 한다.

지금까지 시장이나 다른 바이어들에게 저평가된 산지는 어디일까?
지금 사람들이 다녀보지 않은 지역은 별로 없다. 하나 남았다면 아시아 생산지인데, 이쪽은 스페셜티 시장을 새로 접했고, 잠재력이 있다. 파푸아 뉴기니, 티모르, 미얀마, 네팔, 중국 등을 예로 들 수 있다. 간과된 산지라면 개인적으로는 온두라스를 친근하게 여겨왔고, 스페셜티 로스터가 제공하는 커피 목록에 추적 가능한 온두라스 커피가 점점 늘어나는 것을 보는 것이 즐겁다. 콜롬비아 또한 사람들이 가치를 잘 몰라주는 것 같아서 바이어들에게 정기적으로 권하는 편이다. 콜롬비아에서 나타나는 환상적인 프로필 향연들, 심지어 이웃한 마을에서조차도 다르게 나타나는 다양한 프로필을 보면 항상 감동적이다. 이곳 생산자들은 커피 품질을 올리기 위해 열심히 일한다. 또한 연 2회 수확하여 선적할 수 있다.

  소비자들이 때때로 아프리카 커피는 잘 선택하지 않으려 하는데 그 이유를 알고 싶다. 많은 바이어들이 동아프리카 특유의 프로필을 엉뚱한 대륙 커피에서 찾으려 하고, 그 때문에 엄청난 돈을 쓰는 상황이다. 들은 바로는 케냐 커피 맛과 비슷한 어떤 코스타리카 커피는 심지어 케냐 커피보다 더 잘 팔린다고 한다. 수십 가지 산지 목록을 올려놓았는데 정작 맛은 죄다 에티오피아나 케냐 커피와 비슷한 프로필인 경우도 있다. 소비자들이 동아프리카 국가들 이름이 싫어서가 아니라면(또는 중남미 국가 이름이 좋아서가 아니라면) 로스터들이 동아프리카 커피를 좀 더 많이 사면 좋겠다. 시간도 아끼고 돈도 절약하는 길이다.

커피 바이어가 가져야 할 가장 중요한 기술 또는 특성을 들자면?
겸손함. 업계가 성장하면서 바이어의 역할을 미화하고 있지만, 그 역할에 따르는 책임은 개인과는 아무 관계가 없다. 물론 바이어의 특성에 따라 그 회사의 커피 목록에도 특색이 나타나고 개성이 더해질 수 있고, 생산자와 함께 일하는 바이어 사진이 있으면 그 업체의 정체성에 가치가 부여될 수 있다. 사업적, 그리고 생태 지속성의 관점에서 바이어는 자기 회사와 자기 공급자에게 무엇이 중요한지에 초점을 맞추어야 한다. 이것은 수입업체를 위한 구매와 로스팅 업체를 위한 구매가 다른 핵심 이유이기도 하다. 로스터는 커피를 선택하고 구매하는 일에 더 유연한 태도를 가져야 한다. 그러면 보다 많은 리스크를 감당할 수 있다.

자레드 린즈메이어
미국 루비 커피 로스터스 창립자

새내기 커피 바이어 시절로 돌아간다면, 자신에게 어떤 조언을 하고 싶은가?
모든 커피는 고향이 있다. 당신의 커피를 만들기 위해 어떤 고향을 선택할지 설계할 때, 다른 사람들이 접근하는 방식과 달라야 한다. 좀 재미있게 만들자.

커피 바이어로서 당신의 강점은 무엇인가?
내가 쓰는 커피는 머릿속에 오롯이 시각화하고 목록을 재현할 수 있다. 어떤 커피를 맛보고 메뉴에 넣겠다고 결정하면, 재빨리 뽑아낼 수 있는 곳에 기억을 저장한다. 도소매 리스트에 올릴 커피 메뉴를 구축하고 커피를 출시할 때는, 머릿속에서 만들어낸 체계화된 맛 프로필을 따라 효율적으로 조사해서 그에 따라 출시할 수 있다.

지금까지 시장이나 다른 바이어들에게 저평가된 산지는 어디일까?
4년 전에, 아마 페루 아니면 브룬디였던 것 같은데, 갑자기 여러 바이어들에게 주목받은 나라가 있다. 르완다의 경우 포테이토 디펙트가 엄청난 영향을 미쳐서 바이어들의 지속적인 관심을 받지 못했다. 참 아쉬운 일이다. 훌륭한 르완다

Chapter 27
최고에게
배우자

커피는 1년 정도 묵어도 100의 95 정도는 정말 감동적이다. 다른 아프리카 커피들은 그 정도면 당연히 묵은 티가 난다. 아시아와 인도네시아의 커피 재배지는 새 잠재력을 보여주고 있는데, 다음 5년이 어떻게 될지 흥미진진하다.

커피 바이어가 가져야 할 가장 중요한 기술 또는 특성을 들자면?
분명 맛보는 능력이 가장 중요하다. 그렇지만 일단 이건 타고나는 재능이고, 맛보는 능력 외에 가장 중요한 기술은 체계화 능력이다. 당신의 커피가 지금 어떤 상황인지, 재고가 지금 얼마나 있는지 항상 인지하고 있어야 한다.

트리쉬 로스겝
미국 레킹 볼 커피 로스터스 공동 창립자이자 로스트마스터

커피 바이어가 가져야 할 가장 중요한 기술 또는 특성을 들자면?
무엇보다도, 바이어는 모든 종류의 커피가 어떤 맛인지 알 필요가 있다. 이 커피를 왜 사는지, 우리 업체의 프로필이 어떤 영감을 주는지에 대해 정말 명확하게 알고 있어야 한다. 그런데 이것은 정말 배우기 힘들다. 자신의 직업과 일에 대해 정직해야만 배울 수 있기 때문이다. 사람들이 생각하는 것처럼 열정으로 되는 일이 아니며 훈련을 거듭해야 한다.

　직무에 대해 현실적인 예산을 짜야 한다. 바이어는 이것을 엄격하게 지켜야 한다. 시장을 이해하고, 업체의 재무 계획에 자신의 견해를 맞출 수 있어야 한다.

웬디 드 종
오스트레일리아 싱글 오의 커피 사업부 이사

새내기 커피 바이어 시절로 돌아간다면, 자신에게 어떤 조언을 하고 싶은가?

내가 '공식적'으로 바이어가 된 날, 밥 엘리엇이 손수 큼지막하게 타자를 쳐서 종이 한 장을 건네주었다. 그는 은퇴 예정이었고 나는 바이어 업무를 인수받는 중이었다. 그 글의 내용은 이랬다. "시장을 추측하지 말 것. 여기는 라스베이거스가 아님. 항상 10센트 또는 그 정도 깎아달라고 요청할 것. 효과가 엄청남." 제대로 설명하지 못하겠지만, 밥은 멋진 사람이었고 나는 그와 함께 일하고 그에게 배우는 걸 항상 좋아했다. 나는 위의 핵심 내용들을 마음에 새기고 이를 나만의 스타일로 받아들였다. 말로 표현하자면 이런 식이다. "파트너에게 합당한 보상을 해주고 그들에게 의욕을 줄 수 있는 의미 있는 기회가 온 상황에서, 우리가 어떻게 10센트를 깎을 수 있겠어?"

커피 바이어로서 당신의 강점은 무엇인가?

하하하! 시차가 전혀 문제가 되지 않는다. 이건 분명히 도움이 된다. 그렇지만 내 진정한 강점이라면 나랑 거래한 사람들은 모두 돈을 번다는 사실이다. 이것은 나의 개인적인 지침이다. 나는 유통망의 처음부터 끝까지 모두 다 돈을 벌 수 있도록 일한다. 내가 사들이는 커피 생산자들이 돈을 더 많이 벌 수 있도록, 그리고 훌륭한 로스터들이 카페를 위해 선택한 그 커피들이 고유하고 특별한 무언가를 갖고 있어서 소비자들이 그 카페를 다시 찾을 수 있도록 일한다. 훌륭한 파트너를 골라 거래하는 능력을 타고났을 수도 있다. 내가 함께 일하는 이들은 이 지구에서 최고다. 나는 행운아임에 틀림없다!

Chapter 27
최고에게
배우자

커피 바이어가 가져야 할 가장 중요한 기술 또는 특성을 들자면?

커피 바이어가 키워야 할 가장 중요한 능력은 자신을 진정 돕고자 하는 사람과 그저 자신의 이익만 추구하는 사람을 구별할 줄 아는 능력이다. 당신보다 훨씬 더 잘 아는 사람을 찾아 그들이 당신을 돕게 해라. 내 사업에 필요한 것을 도와 주려고 노력하는 사람들과 자기 사업에 관심이 더 큰 사람들은 예나 지금이나 명백하게 구별된다. 나는 비교적 소규모 로스팅 업체와 일하고, 매일같이 고객이 필요로 하는 것, 그들에게 가장 좋은 것이 무엇인지 생각한다. 마찬가지로, 함께 일하는 생산자나 공급자 또한 고객이자 바이어로서의 나를 지원해주기 바란다.

지금까지 시장이나 다른 바이어들에게 저평가된 산지는 어디일까?

특별히 외면받거나 간과된 국가나 산지가 있다고 보지 않는다. 숨겨진 보석을 찾는 힘든 일을 기꺼이 하겠다는 깨어 있는 바이어는 너무나 많다. 다만 커피 세계의 흐름에서 소외되어 있는 국가와 지역은 일부 있다. 나는 볼리비아 커피가 상당히 그리운데, 2000년대 후반의 그 물량과 품질은 잊을 수가 없다. 지금 그 볼리비아가 다시금 부활할 것 같은 기운이 있다. 놀라운 커피를 생산하지만 인프라를 신뢰할 수 없거나 인프라가 아예 없어서 물량을 구할 수 없는 곳이 있다. 파푸아 뉴기니와 페루가 그런 곳이다. 하지만 여전히 희망은 있다!

조엘 폴록
미국 팬서 커피의 공동 창립자

새내기 커피 바이어 시절로 돌아간다면, 자신에게 어떤 조언을 하고 싶은가?

스페인어와 포르투갈어를 배우고, 산지의 역사를 알아야 한다. 지금 가고 있는 국가의 역사 속에 숨겨진 의미를 이해해야 한다. 미국인으로서 생각이 미치지 못하는 복잡한 내용들이 너무나 많다. 그런 것들이 당신이 접하고 맛보고, 구매하는 커피와 관련해, 사람들의 태도, 의견, 감정에 영향을 미친다.

커피 바이어로서 당신의 강점은 무엇인가?
흥미로운 질문인데, 왜냐면 커피 세계에 입문했을 때 나는 인류학에서 문화지리학으로 전공을 바꾼 학생이었다. 그래서 나는 사람과 장소, 그리고 그것들이 상호 작용하는 방식에 대해 강한 호기심과 지적 욕구를 갖고 있었다.

커피 바이어가 가져야 할 가장 중요한 기술 또는 특성을 들자면?
바이어가 맛보는 교육을 어느 정도 받았다는 가정하에, 아마도 장기적으로 바라보고, 상대적으로 침착하며, 주의 깊게 듣는 능력이 아닐까 한다. 이런 일은 많은 시간을 필요로 한다. 영향을 끼치는 것은 분명하지만 우리가 모르는 요인들은 얼마든지 많다. 우리가 적게 말할수록, 우리가 참을성을 많이 가질수록, 우리는 더 많이 들을 수 있고, 일이 잘될 가능성은 더욱 높아진다.

지금까지 시장이나 다른 바이어들에게 저평가된 산지는 어디일까?
하하, 내가 넘어갈 줄 알고? 스스로 찾아봐라.

제프 와츠
미국 인텔리젠시아 커피의 공동 소유주

새내기 커피 바이어 시절로 돌아간다면, 자신에게 어떤 조언을 하고 싶은가?
무엇이든 적어보고, 가능한 많은 자료를 찾아라! 세세한 부분까지 모두 중요하

Chapter 27
최고에게
배우자

다(그리고 당신이 다 기억할 수 있다는 꿈도 꾸지 마라. 아무리 스물다섯 살 성성한 두뇌라도 불가능하다). 시작할 때부터 품질 관리 변수를 측정하는 버릇을 익히면 배움과 발견 속도가 빨라지고 시간도 크게 절약할 수 있다. 84점짜리부터 88점짜리까지 커피를 찾아 엄격하게 관리하는 것이 세부적이고 실질적인 내용이다. 그리고 참조할 만한, 신뢰할 수 있는 자료가 있으면 어떤 커피의 품질이 떨어지는 원인을 훨씬 쉽게 찾아낼 (마치 타이어에서 구멍 난 작은 부분을 찾듯이) 수 있다. 그러나 중요한 것은 기술적인 생산에 대한 세부 사항뿐만이 아니다. 커피 바이어로서 또 다른 중요한 직무는 스토리텔링, 그리고 사람들이 지적으로 감정적으로 커피와 연결되도록 돕는 일이다. 이런 것들이 사람들이 커피를 기억하게 만들어준다. 커피 맛은 사람들이 특정 커피를 기억하는 데 아주 즉각적으로 작용하지만 그 기억을 오래 가져가는 데는 커피 산지와 사람들을 연결시키는 편이 더 효과적이다.

또한, 건조 속도에 주의를 더 많이 기울이라고 말하고 싶다. 건조 속도는 수확 후 품질 관리에 있어서 논쟁의 여지는 있지만, 가장 중요한 변수인데도 제대로 강조되지 않는다. 내가 20년 전에 이 사실을 알았더라면 불쾌한 상황을 여러 번 피할 수 있었을 것이다.

커피 바이어로서 당신의 강점은 무엇인가?

상상력이다. 언제나, 내가 읽거나 볼 수 있는 것보다 더 많은 것을 상상할 수 있다. 이것이 나를 이끄는 힘이자 경험 부족을 극복하는 수단이었다. 당신에게 심오한 영감을 불러일으키는 꿈이 있다면, 어떤 방법으로든, 청사진이 없다 해도 그 꿈은 현실이 될 수 있다고 나는 확신한다! 당신이 충분히 끈질기고, 당신보다 경험이 많은 사람들이 "안될걸?" 하고 회의적으로 보는 상황에서도 당신이 그 꿈을 지켜낼 수 있다면 말이다. 과거 커피 시장이 지지부진했던 이유 중 하나는 바이어들이 통상적인 패러다임에 갇혀 기존 관념에 굴복했기 때문이었다.

커피 바이어가 가져야 할 가장 중요한 기술 또는 특성을 들자면?

대화를 천성적으로 사랑하고 대화하는 재주가 있어야 한다. 정말로 중요하다. 정보를 전달하는 정도에 그쳐서는 안 된다. 품질과 가공 과정, 기술적인 세부 내용에 대해 대화하는 능력은 정말로 중요하다. 그리고 사람들에게 동기와 영감을 불어넣는 능력은 더더욱 중요하다. 바이어로서 당신은 여러 가지 상황에서 여러 가지 언어로 그 두 가지를 모두 잘해내야 한다. 이를 위해서는 유연성도 어느 정도 필요하고, 사람들의 출신지에 대해 알고 싶어 하는 마음 또한 있어야 한다. 생각이 위대하고 지식도 훌륭한데 이것을 효과적으로 전달하는 능력이 없다면, 아무리 다른 능력이 뛰어나도 별 쓸모가 없다.

지금까지 시장이나 다른 바이어들에게 저평가된 산지는 어디일까?

아, 어려운 문제다. 너무 많다. 70점 이상의 커피를 생산하는 나라 중에서, 스페셜티 바이어들이 계속 관심을 갖는 곳이 그렇게 많지는 않다. 하나만 꼽자면 페루, 품질 잠재력이 있는데 그만큼은 성장하지 못했다. 대량 생산되는 인증 커피 공급지가 아니라 훌륭한 품질의 커피 공급지로서 세상이 조금만 더 관심을 가진다면 바로 혜택을 볼 수 있는 생산자들이 수천 있는데 말이다. 페루 커피는 제대로 평가받을 합당한 기회가 없었을 뿐만 아니라 비참할 정도로 제값을 받지 못한다. 지역을 예로 들자면 에티오피아 서부가 그렇지 않을까. 바로 커피의 기원지인 그곳! 지난 50년간 남부가 이목은 다 끌고 투자도 훨씬 많이 받았다. 프리미엄도 더 많다. 그렇지만 언젠가 서부 에티오피아 커피의 시대가 오고야 말 것이다.

용어

Acidity 신맛: 커핑 용어, 맛 용어로 쓰일 땐 화사함, 날카로움, 신 느낌을 표현함.

Aroma 아로마: 물에 젖은 커피가루의 향. 또는 커피 음료일 때의 후각 평가치.

Arrival sample 도착 샘플: 목적지 국가에 도착한 커피의 상태를 측정할 용도로 채취된 샘플.

Baggy 배기: 포대 느낌. 커피 향미 결점으로서 갈색 종이 봉투 또는 포대를 연상시키는 느낌.

Bourbon 부르봉: 티피카와 함께, 오늘날 대부분의 코페아 아라비카 종의 부모 품종. 부르봉 나무에서 생산된 커피는 일반적으로 초콜릿, 캐러멜 느낌과 풍부한 향미가 있음.

Broca 브로카, 보러, 벌레 먹은 콩: 커피에 흔히 기생하는 벌레. 또는 이 벌레로 인해 해를 입은 결점두.

Burlap(bag) 포대: 자루, 흔히 황마를 직조해 만들며 생두 60-70kg 를 담아 저장 및 선적 용으로 사용.

Catimor 까띠모르, 카티모르: 티모르 교배종 Hibrido de Timor 을 까뚜라와 교배해 나온 후손 커피 품종. 까띠모르 및 유사 티모르 교배종에서 생산된 교배종은 대개 음료 품질이 떨어지며 전 세계에서 여러 가지 이름으로 재배한다. 온두라스의 렘뻬라, 엘살바도르의 꾸스까뜰레꼬, 콜롬비아의 꼴롬비아, 까스띠요, 코스타리카의 이까페 90, 케냐의 루이루 11, 바티안, 중미의 사치모르 등이 있음.

Caturra 까뚜라: 부르봉의 자연 변종. 까뚜라는 브라질에서 처음 발견되었으며 체리, 감귤 느낌, 다크초콜릿에서 캐러멜 느낌까지 다양하고 복합적인 향미가 있음.

Cherry floating 물에 띄우는 열매 분류, 비중 분류: 수세식 처리와 펄프드 내추럴 처리에서 첫 단계. 커피열매를 물에 넣어 위로 뜨는 것을 분리한다. 물에 뜨는 열매는 덜 익었거나 결점두가 있을 가능성이 있음.

Clean(coffee) 깔끔함: 결점이 없는 것으로 여겨지는 향미.

Client-based offering 고객 기반 메뉴: 소비자의 취향에 맞춰 구성한 커피 판매 리스트.

C-market C-시장: 커피 상품 시장의 줄임말. 여기서는 기본 상용 등급의 커피에 대한 세계 가격을 결정하며 다른 커피 가격은 여기에 기반을 둠.

Coffea arabica 코페아 아라비카: 에티오피아 남서부 고지대가 원산이다. 최초 품종으로서 의도적으로 재배된 것으로 보이며, 전 세계에서 재배되는 커피의 대다수가 이 품종이다. 아라비카는 병과 해충 피해에 카네포라종(대개 유명 재배종인 로부스타로 알려짐) 등의 다른 종에 비해 더 취약하지만, 커피 맛은 훨씬 뛰어나다.

Coffee buyer 커피 바이어: 로스팅 업체, 수출업자, 수입업자, 브로커 들을 위해 생두를 구매 조달하는 사람.

Colloid 콜로이드: 한 물질이 다른 물질 속에, 현미경으로 볼 수 있는 크기의 녹지 않는 입자로 분산 상태로 혼합된 것.

Cordilleras 꼬르디예라스: 콜롬비아에 있는 나란히 뻗은 산지로서 여러 유명 커피 생산자들의 농지가 있음.

Cultivar 재배종: 상업용 생산 목적으로 선택하여 번식시킨 커피 품종.

Cupping 커핑: 생두의 품질을 평가하고 결점두를 확인하기 위해 전 세계적으로 표준화된 방법.

Day lot 일일 로트: 하루 수확한 분량만 가공해서 구분해놓은 커피 판매 단위.

Direct trade 다이렉트 트레이드: 생산자 및 기타 공급자와 커피 구매에 있어 긴밀히 협력하는 조달 및 판매 전략.

Dry mill 건조 처리장: 커피를 파치먼트 상태 또는 말린 열매 상태에서 생두로 가공하고 균일하게 커피콩을 분류하며 수출을 위해 커피를 포장해주는 공장.

Fair trade 페어 트레이드, 공정 무역: 생산자가 높은 가격을 받을 수 있도록 해주는 체계.

Fermentation 발효: 커피 가공 중 12-24시간이 걸리는 공정. 파치먼트 표면에 들러붙은 커피열매의 점액질을 효모와 박테리아가 분해하는 과정.

First crack 1차 크랙: 로스팅 중 커피콩의 셀룰로스 구조가 부서지면서 나는 소리.

Fragrance 마른 상태의 커피 향기: 물에 젖기 전 커피가루에서 나는 후각 평가.

Geisha(Gesha) 게이샤(게샤): 에티오피아에서 중미로 전해졌다고 알려진 커피 품종. 게이샤는 2000년대 초반 파나마산 일부 로트가 기록적인 가격으로 낙찰되면서 유명세를 떨쳤다. 게이샤는 이국적인 매력, 꽃 느낌, 비현실적으로 뛰어난 음료 품질로 유명하다.

GrainPro 그레인프로: 밀폐, 밀봉이 가능한 비닐 포대로서 공기와 수분으로부터 생두를 보호하기 위해 일반 포대 안감으로 사용된다.

Green-grading analysis 생두 분류 분석: 생두의 결점두를 확인하고 수를 세는 체계.

Hand pour 핸드 푸어: 주전자로 커피가루에 물을 부어 내리는 커피 추출법.

Honey-process(miel) 허니 프로세스(미엘): 중미에서 펄프드 내추럴 가공 방식을 일컫는 용어.

Immersion brewing 담금 추출: 커피가루를 물에 담그는 추출법.

Jute 황마, 주트: 부드럽고 긴 식물성 섬유로, 생두 포대를 만드는 데 사용.

Micro-lot 마이크로 랏: 농장 또는 수입업자가 공급하는, 표준보다 작은 양의 커피. 별도로 수확, 가공, 건조를 진행한다는 점에서 특별히 주의를 기울여 다룬다고 생각할 수 있음.

Mouthfeel 마우스 필, 입안 느낌: 커핑 용어, 맛 용어. 커피의 점성과 관련 있음.

Mucilage(mesocarp) 점액질(중과피): 커피열매에서 파치먼트와 과피 사이에 있는 끈끈한 펙틴층.

Natural (dry) process 내추럴, 건식 처리: 익은 커피열매를 수 주 또는 수개월간 말린 다음 과육과 점액질, 파치먼트를 벗겨내는 방식. 또는 열매가 커피나무에서 마른 뒤수확해서 껍질을 벗기는 방식. 바디가 두드러지고 과일 향이 강조되는 커피를 생산하는 방식으로 알려져 있다.

Offer sample 구매용 샘플: 구매 가능한 커피 샘플.

Origin-based offering 산지 기반 메뉴: 산지의 국가나 지역을 바탕으로 선택한 커피 판매 리스트.

Parchment(pergamino, endocarp) 파치먼트(내과피): 낟알의 껍질 같은 형태로 씨앗을 감싸고 있는 조직. 안쪽에는 실버스킨, 바깥쪽에는 점액질이 있다. 또한, 세척 이후 탈곡 전까지의 커피 가공 단계를 말한다.

Position report 상황 정보: 구매자가 확인할 수 있는 커피의 상태, 포대 수량, 지불한 가격 등의 정보가 있음.

Pre-ship sample(PSS) 선적 전 샘플: 특정 바이어에게 수출 준비가 된 커피 샘플.

Producer-based offering 생산자 기반 메뉴: 농장을 운영하는 생산자에 기반하여 선택한 커피 메뉴.

Profile-based offering 프로필 기반 메뉴: 산지나 가공 방식, 품종, 기타 모든 요소와 관계없이, 향미를 기반으로 선택한 커피 메뉴.

Pulped natural 펄프드 내추럴: 브라질에서 개발한 가공 방식으로 커피열매 껍질을 제거한 다음 점액질이 일부 또는 전부가 파치먼트에 붙어 있는 상태에서 커피콩을 말린다.

Pulping 펄핑, 과육 제거: 수세 처리 및 펄프드 내추럴 처리에서 금속 틀을 사용해 뒤섞어 주며 커피열매의 과육을 제거하는 것.

Quakers 퀘이커: 로스팅을 제대로 했지만 다른 커피에 비해 보다 밝은 빛을 띠는 커피콩. 덜 익은 커피열매를 수확했기 때문이다.

Raised (African) beds 레이즈드 베드, 아프리칸 베드, 건조대: 커피 건조에 사용되는 평평한 그물망 테이블이다. 건조대 방식은 건조장 건조에 비해 복사열은 덜 쓰며 공기 흐름을 보다 더 많이 이용한다.

Reposo 레포소, 안정: 스페인어로 휴식을 뜻한다. 건조가 끝난 뒤, 커피가 인위적인 처리 과정에서 회복되는 단계를 말한다.

Seasonality 제철: 생두의 신선도에 기반하여 커피를 공급하는 방식. 수확 후 시간 또는 향미의 신선함으로 측정한다.

Second wave 제2의 물결: 스페셜티 커피 세계의 트렌드로서, 스타벅스, 피츠, 코스타 커피 등에서 볼 수 있는, 중 로스팅에서 강 로스팅에 초점을 둔다.

Signal detection 신호 탐지: 구매 결정의 정확성을 높이고 속도를 빠르게 해주는 커핑 체계.

Silverskin 실버스킨: 반짝이는 얇은 종이 같은, 생두와 파치먼트 사이에 있는 조직층. 실버스킨이 커피콩에 강하게 달라붙어 있으면 덜 익었다는 표시이다.

Spot sample 보유 샘플: 수입업자와 브로커가 국내 창고에서 구매자에게 즉시 제공 가능한 커피 샘플.

Terroir 떼루아: 커피의 고유한 속성에 기여하는 재배 환경. 토양, 기후, 식물 품종, 지역의 수확과 가공 방법 등이 포함된다.

Third wave 제3의 물결: 스페셜티 커피 세계의 최신 트렌드. 고품질 생두, 약 로스팅, 신선한 공급을 강조한다.

Type sample 종류별 샘플: 생두 브로커가 고객에게 커피 맛이 어떠하다는 것을 보여주기 위한 샘플로서 해당 샘플이 실제 판매 가능한 샘플은 아니다.

Typica 티피카: 부르봉과 함께, 오늘날 대부분의 아라비카 커피의 부모 품종. 티피카 커피는 맛이 좋고 여운이 오래간다.

V60 V60: 1잔 추출용 방식으로서 하리오가 제조 판매하는 원뿔형 필터에 커피가루를 담고 뜨거운 물을 붓는 방식이다.

Variety (of coffee tree) 품종: 코페아 속의 다양한 내부 품종.

Washed (wet) process 수세 처리: 물길을 따라 커피콩이 이동하는 중에 점액질을 벗겨낸 뒤 말리는 방식. 다른 방식과 비교하면 수세식은 발효된 과일 느낌이나 나쁜 향의 커피가 나올 확률이 적다. 또한 단맛과 신맛이 강조되고 커피 품종의 특성을 잘 표현해 준다.

Water activity(aw) 수분 활성도: 커피 샘플의 증기압.

Wet-hulled(giling basah) 웻-헐, 길링 바사: 건조 과정 중 커피콩에서 파치먼트를 제거하는 방식. 웻-헐 방식 커피는 대개 흙 느낌이 나고, 신맛이 적으면서 단맛이 거의 없다.

Wet mill 수세 처리장: 수세 처리 또는 펄프드 내추럴 처리를 통해 커피열매를 파치먼트로 가공하는 공장.

감사의 말

커피 바이어라는, 인생을 바꿀 기회를 준, 리츄얼 로스터의 에일린 하시에게 감사드린다. 여기서부터 모든 것이 시작되었다.

나에게 커피를 (그리고 차를) 맛본다는 신세계를 소개한 리치 아벨라와 폴 레이더에게 감사드린다. 다시금 커피 구매에 빠지게 해준 알레코 치고우니스에게 감사드린다.

피츠에서 리츄얼에 이르기까지 수많은 밤을 함께 커핑하며 조언해준 드류 캐틀린에게 감사드린다. 매번 늦은 밤까지 커피에 대한 내 엉뚱한 의견을 발전시킬 수 있도록 격려해주고 이 책 교정에 힘써준 애비게일 울먼에게 감사한다.

업체, 국가를 막론하고 나에게 영감을 불러일으키고 가르쳐준 친구들에게 감사드린다. 크리스틴 매브리, 토이 바워, 브렌트 포츈, 토니 콘크니, 스티브 포드, 벤 카민스키, 마리사벨 까바예로, 모이세스 에레라, 마리아-호세 우에소 데 로드리게스, 루이스 로드리게스 벤뚜라, 로드리고 지암마떼이, 소니아 데 고체스, 루이스 뻬드로 젤라야, 프란시스꼬 메나, 알레한드로 차꼰, 알레한드로 발리엔떼, 알레한드로 까데나, 제니퍼 후버, 브루노 소우사, 케빈 볼린, 멧-마리 핸슨, 리아 시에버트, 캐티 블랙맨에게 감사드린다.

커피 구매가 어떤 것인지 맨바닥부터 알려준 리치 니에토, 킴 로저스, 더피 브룩, 애론 맥두갈, 댄 코플란, 레온 푸에게 감사드린다.

이 책에 기여한 조리 헬리체, 조엘 에드워즈, 벤자민 파스, 크리스 조던, 앤드류 바넷, 톰슨 오웬, 대린 대니얼, 마이크 수트룸프, 앤디 트린들 머쉬, 가브리엘 보스카나, 제임스 다간, 사라 클루스, 모르텐 벤네르스가드, 아넷 몰도바, 클라우스 톰슨, 크리스 데이비드슨, 자레드 린즈메이어, 트리쉬 로스겝, 웬디 드 종,

조엘 폴록, 제프 와츠, 스콧 로쳐에게 감사드린다.

   무엇보다도 사랑스러운, 나의 아내 크리스티나에게 특별히 더 감사를 드린다. 그녀가 응원해주었기에 이 책이 나올 수 있었다. 그리고 나의 아이들, 빌리와 프랭클린에게도 감사한다.

역자 후기

#1

아직 비가 많았던 7월의 처음, 직후 이어지는 더위가 이렇게나 길 줄은 몰랐던 때, 문득 들어간 ASIC 홈페이지에서 고 R. Clarke 씨와 관련한 소식을 보았다. 2017년 3월 30일자로 별세한 그에 대한 약력과 함께, 고인의 유지로 ASIC 에 1000유로를 기증했다는 내용을 전하고 있었다.

커피를 학문으로 접할 것이라 다짐했던 사람들이 Clarke & Macrae의 커피 시리즈 여섯 권을 보며 느끼는 감정은 결코 간단하거나 평범하지는 않을 것이다. 상당히 복합적이고, 매우 굴곡진 감상이 마음과 머리를 감돌 것이다. 나의 경우를 감히 말하자면, 이들 커피 시리즈에 대한 감정은 Ukers의 금자탑이나 지금으로부터 122년 전 출판된 Walsh의 걸작을 접하는 경우와는 다르다. 그것은 Sivetz & Foote / Sivetz & Desrosier, Illy & Viani, 가까이는 Wintgens, Folmer 등 최근의 석학과 전문가들이 한 땀씩 쌓아놓은 금자탑을 보며 느끼는 것을 모두 합한 다음 100배쯤 증폭한 정도가 아닐까 싶다. 긴 시간은 아니지만, 커피 산업에 대한 사정과 시각이 지금과는 많이 다른 1990년대 후반, 이 커피 시리즈를 처음 접했을 때 느낀 충격은 그 정도였다. 얼버무리거나 뭉뚱그릴 수 없이 온전히 배워가고 올곧게 익혀야 하는 지식과 정보의 총체가 눈앞의 산길처럼 너무나 구체적으로 자리하고 있었다. 이 책 이후 모든 커피책을 참으로 존중하게 되었고, 낯빛을 달리 하여 커피인들을 바라볼 수 있었다. 커피를 하는 사람들을 존중하는 마음을, 어떻게 하면 그들에게 도움이 될지 결정할 수 있었고, 다른 몇몇 시도와 더불어, 감히 몇 권의 원서를 한글로 바꾸어 세상에 내놓게 되었다.

상당히 늦어버렸지만, 그에게 존경을 올린다. 그리고 나를 다독인다.

#2

상황을 바꾸어서, 우리에게 밥이 기호 상품으로 존재한다면, 잊을 수 없는 엄청난 밥 경험을 만들기 위해 좋은 쌀을 찾아다니는 이야기는 어느 정도의 재미는 보장하지 않을까. 살짝 희미해지긴 했지만 학창 시절 '지리'라는 좋은 과목 덕에 지역별로 지형과 특색을 훑어볼 수 있었는데, 여기에 몇 가지 이야기들을 더하여 자신의 배경 지식으로 삼아서는 후보지를 찾아간다. 영동 지방은 단맛이 좋을 수 있고, 영서 지방은 감칠맛이 좋을 수 있다. 제주도는 어쩌면 복합성이 뛰어날 것이고, 안면도 쌀은 풍미 가득할지도 모른다. 매일 차를 타고, 고속도로, 4차선 국도, 2차선 지방도, 그리고 1차선 좁은 길을 위태위태하게 넘어가본다. 간혹 노을에 취하고, 물결치는 모습에 무던히 기분 좋아하고, 태풍에는 함께 분노하고, 때로는 물맛을 탓한다. 연구실에는 밥그릇 마흔 개를 일렬로 늘어놓고, 신중히 한 숟갈씩 떠서는 냠냠 서른 번을 씹어본다. 매년 가을 100일 동안 항상 반복된다. 겸사 겸사, 세계 밥순돌이 챔피언십에 나갈 쌀을 정해둔다. 여기까지는 상상의 영역이고, 현실의 영역이자 커피의 세상에서는 이 모든 것이 현실이다.

좋은 커피에 대한 개념이 추출에서 로스팅으로, 로스팅에서 생두로 옮겨간 것은 꽤나 오래전의 일이다. 그리고 좋은 생두를 찾는다는 행동의 배경 철학이 지금과 같이 변화한 것도 제법 시간이 흘렀다. 대다수 원재료 소싱이 그러하겠지만, 스페셜티 커피 산업에서 생두 구매는 자신의 가치 철학을 업체의 이념을 경제적 부문, 물류 방면에서 구체화하고 또렷이 드러내는 목적적 행동이다. 상품의 명확한 가치를 인지하고 고객의 수요에 최대한 부응할 수 있는 것을 고르되 이윤을 무시할 수 없으며 유통 과정에서의 문제는 모두 예방하거나 매끈히 처리해야 한다. 독단적인 것도, 눈치와 타협으로 일관하는 것도 모두 위험 요소로서 성장과 발전에 지장을 줄 수 있다. 현상 유지 정도면 어떨까 싶지만, 기본적으로 붉은 여왕 효과가 있는 분야인지라 쇠퇴는 필연적이다. 매년 계속되는 끊임없는 지속성. 이를 이끌어주는 것은 참여자가 지닌 놀라울 만큼의 열정과 확신이다.

이 책은 그 열정과 확신을 지닌 현직 스페셜티 커피 바이어들의 말을 담았다. 거대하다고 할 수 없는 분량이지만 그 안에 커피 구매의 처음에서부터 끝까지, 핵심을 담았다. 행위 내용을 위주로 실무에서 실천할 수 있게 했으며 목표와 자세를 상기시켜 행동이 흐트러지지 않도록 했다. 생두 구매에 참여한 이가 빠지기 쉬운 생각들이 굳어지기 전에 걸러질 수 있도록 매 글마다 확인하고 생산자와 구매자 사이, 다른 생두 바이어 속에서 함께 성장할 수 있는 방법을 설시하고 있다. 스페셜티 커피 산업의 양적 확산이 변곡점을 지나려는 지금, 이 책의 가치와 필요성은 이러한 내용만으로 너무나 잘 드러난다.

라이언 브라운은 이렇듯 중요한 내용을 마치 독자를 옆에 끼고 산지를 다니면서 말하듯 생생하고 현실적으로 전달하고 있다. 세상에 여러 길이 있듯 커피 구매 또한 수많은 방법론을 낼 수 있겠지만, 그의 말을 한 가지 지침으로 삼는 것은 커피 바이어, 커피 유통에 관련된 모든 이들은 물론 커피 소비자에게 매우 현명한 선택이다. 그는 성공한 커피 바이어이고, 지금의 스페셜티 커피 유통에서는 브라운 형 인간이 여럿 활동하고 있기 때문이다. 나아가 그의 글은 단순한 독선이 아니라 검증된 사실을 유머와 해학을 곁들여 유쾌함을 가득 담아 전달하는, 기분 좋게 읽고 이해하기 쉬운 내용으로 가득하기 때문이다.

　역자는 원저의 글 한 문장마다 즐거움을 느끼며 작업했다. 아내 마리아의 사랑과 가족들의 애정, 커피리브레 사람들의 헌신으로 또 다른 역서를 만들어낼 수 있었다. 많은 이들이 커피와 함께 행복하고 커피 글과 함께 만족할 수 있기를 바란다.

옮긴이 최익창

지은이 라이언 브라운 Ryan Brown

샌프란시스코에서 바리스타로 일하면서 커피 업계에 처음 발을 들였다.
리츄얼에서 생두 구매 업무를 맡은 것을 시작으로,
스텀프타운, 통스, 비르맥스, 블루보틀의 커피 구매 프로그램을 이끌었다.

옮긴이 최익창

2003년 고려대학교 법대 졸업
2010년 사단법인 한국스페셜티커피협회 사무지원팀장
2012년 수성구1인창조기업 '코페아룩스메아' 설립, 커피브리프 발간
2014년-현재 커피리브레 지식전략부장

1995년 커피자료 번역을 계기로 스페셜티 커피산업을 접하고
1997 보헤미안 커피교실을 통해 커피산업의 가치와 소중함을 깨닫다.
이후 여러 커피업체의 일을 돕고 커피동호회에서 활동하면서
커피산업에서 필요한 지식의 정련에 힘써 왔다.

감수 서필훈

고려대학교 서양사학과 및 동대학원 졸업
안암동 보헤미안 커피하우스 실장 역임
현 커피리브레 대표

커피 바이어
커피 생두 구매 가이드

초판 1쇄 발행 2018년 10월 25일
초판 2쇄 발행 2022년 1월 28일

지은이	라이언 브라운
옮긴이	최익창
펴낸이	서필훈
펴낸곳	커피리브레
신고일	2012년 9월 5일
신고번호	제2012-000286호
주소	서울 마포구 동교로 29길 64, 2층(연남동, 영인빌딩)
전화	02-325-7140
팩스	02-6442-7140
전자우편	choi@coffeelibre.kr
편집	윤은주
디자인	샘솟다
마케팅	류현지
관리	홍지선
회계	서승희
제작	다다프린팅

ISBN 979-11-954848-3-6

* 잘못된 책은 바꾸어드립니다.